SSCE071PO

EXPERTO EN E-LEARNING

SSCE071PO

EXPERTO EN E-LEARNING

David Roldán Martínez • Félix Buendía García

Elena Ejarque González • Pablo García Molina

Antonio Hervás Jorge • José Luis Martín Núñez

Olga C. Santos • Juan Vicente Oltra Gutiérrez

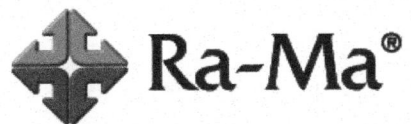
Ra-Ma®

La ley prohíbe
fotocopiar este libro

SSCE071PO - EXPERTO EN E-LEARNING
© David Roldán Martínez, Félix Buendía García, Elena Ejarque González, Pablo García Molina, Antonio Hervás Jorge, José Luis Martín Núñez, Olga C. Santos, Juan Vicente Oltra Gutiérrez
© De la edición: Ra-Ma 2025

Editado por:
RA-MA Editorial
Calle Jarama, 3A, Polígono Industrial Igarsa
28860 PARACUELLOS DE JARAMA, Madrid
Teléfono: 91 658 42 80
Fax: 91 662 81 39
Correo electrónico: *editorial@ra-ma.com*
Internet: *www.ra-ma.es* y *www.ra-ma.com*
ISBN: 979-13-8764-284-6
Depósito legal: M-5582-2025
Maquetación: Antonio García Tomé
Diseño de portada: Antonio García Tomé
Filmación e impresión: Safekat
Impreso en España en febrero de 2025

A Clara, mi mujer, por ser el pilar en que me sostengo, DRM.

A mi familia, FBG.

A Ana, por llenar cada día mi vida de ilusión.
A mis padres, José Luis y Lucía, por haberme enseñado a vivir, JLM..

A los que buscan cada día aprender cosas nuevas, OCS.

ÍNDICE

PRÓLOGO

No hay ninguna duda de que el *e-learning* ha llegado para quedarse. En efecto, en un entorno globalizado como en el que nos encontramos, en el que las organizaciones deben ser capaces de responder rápidamente a las variaciones dinámicas y caprichosas del mismo, el disponer de profesionales preparados y formados adecuadamente resulta de vital importancia. Si, por otra parte, añadimos el hecho de que deben ajustarse los costes de los procesos formativos al máximo, encontramos que en el *e-learning* se perfila como una solución atractiva para estas condiciones de contorno.

Sin embargo, ni el *e-learning* es la solución para todo ni todo puede ser *e-learning*. Al contrario, el proceso de implantar una solución de *e-learning* en una organización debe planificarse con calma y cuidado, tal y como ocurre con otros tipos de soluciones tecnológicas como los ERP, CRM, etc.

Esta obra, como a David Roldán, autor principal y coordinador de la misma le gusta definirla, es una *jam session* en la que expertos en las distintas disciplinas involucradas han aunado sus esfuerzos para entonar la compleja melodía de la gestión de proyectos de *e-learning*. No se trata de un manual, sino más bien de una guía rápida que llama la atención sobre los puntos más importantes que hay que tener en cuenta cuando una organización se decide a poner en marcha una solución de este tipo, ya sea como actividad económica principal, ya sea para dotar a su fuerza de trabajo de las herramientas necesarias para desarrollar las actividades que le son propias de una manera efectiva y eficaz.

En mi opinión, es importante remarcar que este libro no intenta proporcionar una receta única, lo cual, por otra parte, sería contraproducente para quien la tuviera en sus manos. Cada organización es un entorno muy complejo, cambiante y con necesidades diferentes. En estas condiciones, las respuestas que se encuentran aquí no son lo importante, sino que son las preguntas que se plantean las que verdaderamente aportan valor.

Ya solamente me queda agradecerte, querido lector, que hayas escogido este libro, ya que me consta la ilusión y esfuerzo que los autores han invertido para obtener esa recompensa. Espero que lo disfrutes tanto como yo lo he hecho.

Michael Korcuska

Leader of Global Customer Operations de LinkedIn

Hasta 2010, Executive Director de la Sakai Foundation

AUTORES

David Roldán Martínez es Doctor Ingeniero de Telecomunicación y Máster en Redes Corporativas e Integración de Sistemas por la Universidad Politécnica de Valencia (UPV). Ha trabajado en empresas de consultoría y desarrollo de proyectos y productos relacionados con las Tecnologías de la Información. Actualmente es Analista de Aplicaciones del ASIC de la UPV y especialista en formación *on-line*. Además ha sido profesor del Departamento de Comunicaciones de la Universidad Politécnica de Valencia e imparte formación de postgrado en distintas universidades e instituciones. Es miembro de ACTA (Asociación de Autores Científicos y Técnicos) y, siempre preocupado por la divulgación científico-tecnológica, dispone en su haber de numerosos libros y artículos relacionados con diversos aspectos de las TIC.

Félix Buendía García es Doctor en Informática por la UPV y profesor titular de dicha Universidad en el Dpto. de Informática de Sistemas y Computadores, donde imparte docencia en la Escuela Técnica Superior de Informática Aplicada en el área de Sistemas Operativos y Tecnologías Web. El ámbito de investigación está relacionado con las aplicaciones web y temáticas de *e-learning*.

Olga C. Santos es Ingeniera Superior de Telecomunicación por la Universidad Politécnica de Madrid y posee el Diploma de Estudios Avanzados en Inteligencia Artificial por la UNED. Desde 2006, es la Directora Técnica de I+D del Grupo de Investigación aDeNu del Departamento de Inteligencia Artificial de la ETSI Informática de la UNED, al que pertenece desde el año 2001 y donde investiga la aplicación de la inteligencia artificial al desarrollo de plataformas de aprendizaje adaptativas, usables y accesibles, así como la metodología para la gestión del proceso de aprendizaje en línea. Concretamente, sus intereses actuales están puestos en aplicar estrategias de recomendación para proporcionar soporte adaptativo a la navegación en los sistemas de gestión del aprendizaje existentes. Ha participado en 12 proyectos de investigación nacionales e internacionales, publicado más de 80 artículos de investigación y ha sido miembro de diversos comités científicos en conferencias y revistas, y organizado talleres sobre modelado de usuario, usabilidad y accesibilidad.

Pablo García Molina es Vicepresidente Asociado de Tecnologías de la Información en la Universidad de Georgetown en Washington D.C., cargo que compagina con el de campus CIO (Chief Information Officer) y Profesor Adjunto de Ética y Tecnología y de Seguridad Informática. Anteriormente, trabajó como director de tecnología de la información para la Universidad de Pennsylvania, y como profesor y director de sistemas de información para la Universidad de Washington en Saint Louis. Fue profesor de la Escuela de Negocios de la Universidad de Saint Louis de Misuri. Antes de su carrera en el mundo académico, fue director de MIS en el zoológico de Saint Louis. Empresario en España, creó y gestionó una compañía de tecnología en Madrid, donde también trabajó como Editor Jefe de varias revistas de Tecnologías de la Información. Es autor de varios libros sobre tecnología de la información y fue profesor de tecnología de la Escuela de Hacienda Pública durante varios años. Pablo es licenciado por la Universidad de Saint Louis, donde ha realizado también un master. Ha realizado cursos de posgrado en la Universidad de Pennsylvania y en la Universidad de Washington en Saint Louis, y está terminando un doctorado en la Universidad de Georgetown. Está certificado como MCSE (Microsoft Certified Systems Engineer), CNE (Certified Novell Engineer), CISSP (Certified Information Systems Professional) y CIPP (Certified Information Privacy Professional). Pablo recibió el premio CALI a la Excelencia en el Servicio 2001. Fue el destinatario del premio Ones-to-Watch, junto con el Premio Standout a la Innovación, de la revista CIO en el 2006. La revista ComputerWorld le nombró en el 2007 uno de los Mejores 40 por Debajo de los 40 CIO innovadores de Estados Unidos. Fue nominado en el año 2007 uno de los mejores ejecutivos de seguridad informática tanto para la región de la costa Atlántica de Estados Unidos como a nivel nacional. Pablo sirve en el Comité de Desarrollo Profesional de EDUCAUSE. Es miembro del consejo de dirección del Hispanic Technology Council y del Electronic Privacy Information Center. Es el fundador y coordinador de la asociación de CIOs de las mejores facultades de derecho de Estados Unidos y del Reino Unido.

Antonio Hervás Jorge es Doctor en Matemáticas por la Universidad Politécnica de Valencia, donde imparte docencia desde 1986 en la Escuela Universitaria de Informática y mayoritariamente en la Facultad de Informática. En la actualidad está adscrito a la Escuela Técnica Superior de Ingeniería Informática, resultado de la fusión de las dos anteriores. Su investigación se ha desarrollado tanto en Matemática Aplicada, su campo de origen, como en la aplicación de las

TIC a la enseñanza universitaria. Ha participado como investigador principal en proyectos coordinados. Ha impartido cursos de postgrado relacionados con Internet y nuevas tecnologías, habiendo sido codirector del Titulo Propio de Especialista Universitario en Programación Intranet e Internet, así como coordinador del programa de Doctorado Internacional del Departamento de Matemática Aplicada. Entre otros puestos de relevancia en la UPV, ha sido Secretario de la Facultad de Informática, Director del Área de Tercer Ciclo y Evaluación de la Investigación y Director del Área de Planes de Estudios, Vicerrector de Universidad Politécnica Abierta, de Relaciones Institucionales y de Comunicación e Imagen de la UPV.

José Luis Martín Núñez es Ingeniero Superior de Telecomunicación y máster MBA por la Universidad Politécnica de Madrid. Desde 2002 viene colaborando en el Grupo de Ingeniería de Organización tanto en el desarrollo de una plataforma propia de teleformación como en la realización de proyectos *e-learning*. Acualmente es el Coordinador General de los Máster que organiza el Grupo de Ingeniería de Organización de la Universidad Politécnica de Madrid. Su ámbito de investigación está centrado principalmente en las nuevas tecnologías al servicio de la formación.

Juan Vte. Oltra Gutiérrez es Doctor Ingeniero en Informática por la UPV y profesor titular de la escuela universitaria de dicha Universidad en el Dpto. de Organización de Empresas. Es vocal de ATI, Asociación de Técnicos en Informática, la mayor asociación profesional de informáticos del Estado español. El ámbito de investigación está relacionado con el derecho informático y el marketing digital. Fue de los profesores pioneros en su universidad en experimentar con *e-learning*.

INTRODUCCIÓN

1.1 CONCEPTO DE *E-LEARNING*

El *e-learning* surgió a finales de 1997 y principios de 1998 para referirse, tal y como uno de sus gurús, Elliot Masie, afirmó "a la utilización de las tecnologías de Internet para concebir, difundir, seleccionar, administrar y desplegar la formación". Se trata, decía Marie, de "conducir la formación a los individuos y no conducir a los individuos a la formación". Esta definición, que sigue siendo totalmente válida, ha de ampliarse como consecuencia de la tremenda evolución sufrida por las tecnologías web en los últimos 10 años.

El *e-learning* es un nuevo concepto de educación a distancia en el que se integra el uso de las TIC y otros elementos didácticos para el aprendizaje y la enseñanza. El *e-learning* utiliza herramientas y medios diversos como Internet, *intranets*, CD-ROM, presentaciones multimedia, etc. Los contenidos y las herramientas pedagógicas utilizadas varían de acuerdo con los requerimientos específicos de cada individuo y de cada organización. En la actualidad numerosas universidades y diferentes instituciones educativas y empresas están implementando soluciones de *e-learning*, tanto con sistemas propios como con paquetes especializados.

La combinación de recursos informáticos y de comunicaciones tiene como objetivo generar un ambiente propicio para el aprendizaje, en un entorno caracterizado por la interactividad, la profusión de medios y las actividades de aprendizaje estructuradas, aprovechando para ello la facilidad de distribución de contenidos y herramientas de comunicación propias de los ambientes Internet.

En este nuevo paradigma de educación, el alumno es el elemento principal y alrededor de él se encuentra el resto de elementos encargados de formarle. Se trata de una formación *just in time*, es decir, que aprovechando las ventajas de Internet los alumnos pueden acceder a los contenidos formativos a cualquier hora del día y en cualquier lugar sin necesidad de desplazarse hasta los centros educativos. Todo ello, unido a la estructuración del conocimiento en bloques cortos y fáciles de asimilar (píldoras de conocimiento), mejora sustancialmente las tasas de retención de conocimientos en los alumnos respecto a la enseñanza presencial tradicional.

El concepto de *e-learning* ha evolucionado mucho en los últimos años. Algunos de los factores más representativos que han favorecido este impulso pueden ser la necesidad creciente de las empresas de dar una formación flexible y adaptada a sus empleados, y el desarrollo vertiginoso de las nuevas tecnologías e Internet. Hoy en día, el rápido cambio hace que una de las características más valoradas por las empresas sea la capacidad de adaptación y aprendizaje. El *e-learning* jugará un importante papel ya que es la metodología que mejor se adapta.

La aparición de Internet permitió acercar mucho a docentes y alumnos, concediéndoles posibilidades que antes eran impensables. Pero el concepto de *e-learning* ha sido utilizado incorrectamente en muchas ocasiones. Para poder aclararlo, vamos a dar una breve revisión a lo que históricamente se ha venido denominando educación a distancia.

Es difícil pensar en la formación a distancia sin las nuevas tecnologías, pero ésta ya existía en el siglo pasado cuando aquellos alumnos que residían lejos de un centro de estudios, pedían el envío de los materiales por correo postal. Un ejemplo de referencia es la Universidad Nacional Española a Distancia, la cual desde 1972 venía utilizando este método hasta la aparición de Internet. Este modelo ha permitido el acceso a una formación de nivel a personas que por lejanía o por no compatibilidad de tiempo con el trabajo, no habría podido tener esa oportunidad. Este tipo de formación se sigue aplicando hoy en día, sobre todo para cursos de poca duración y en los que el alumno puede ser fácilmente autodidacta siguiendo las indicaciones y realizando los ejercicios que ha recibido con el material del curso.

El punto de inflexión clave de la formación a distancia, en el que aparece el verdadero concepto de *e-learning*, es la aparición de Internet y su aprovechamiento para la formación (1997-1998 como comentábamos al comienzo). La posibilidad de tener tan cerca a docentes y alumnos a través de la red, permite numerosas opciones, pero un error muy grave que se comete a menudo es trasladar la filosofía del envío de materiales al alumno a la web. En este caso, no hay que engañarse y pensar que se hace *e-learning*, ya que lo único que estamos haciendo es utilizar un canal diferente de difusión, lo que antes hacíamos por correo postal, ahora lo hacemos con una página web o correo electrónico.

El *e-learning* tal y como lo entenderemos en esta obra va mucho más allá, presentaremos cómo se pueden aprovechar y exprimir las posibilidades que ofrecen las nuevas tecnologías para ofrecer una formación de calidad, en la que se pueda llevar un control exhaustivo del alumno en todo momento, siendo capaces de anticiparnos a posibles problemas que le puedan surgir.

Es muy importante definir la estrategia a seguir a la hora de implantar nuestro modelo *e-learning* en una empresa u organización. Son muchas las preguntas que el director del proyecto debe plantearse antes de comenzar. Vamos a tratar de desvelar algunas de las principales decisiones que debe tomar.

Hay que definir los objetivos que queremos conseguir con la ejecución del proyecto, para ello será necesario evaluar las personas que se van a ver implicadas, la duración del proyecto, tanto en su parte de planificación como en su ejecución, y los recursos necesarios. No es lo mismo la realización de un curso aislado para un alumnado con perfil muy definido y con estimación temporal corta, que el inicio de un proyecto en el que una universidad quiera volcar parte de sus contenidos a la metodología *on-line* formando así a alumnos y profesores.

1.2 CARACTERÍSTICAS DEL ENTORNO DE DESARROLLO DEL *E-LEARNING*

En todo entorno de *e-learning* se van a distinguir al menos tres importantes roles o perfiles de trabajo: el alumno, el profesor-tutor y el administrador. Algunos de estos roles pueden ser desempeñados por la misma persona, pero tiene fines muy diferentes.

El alumno es el principal actor, todo gira en torno a él y de sus resultados dependerá el grado de éxito obtenido. Es importante tener la mayor información del alumno previamente a la realización de los cursos, esto nos permitirá adaptar a su perfil el sistema y los contenidos.

La motivación del alumno será uno de los factores clave que hay que cuidar desde incluso antes de que el alumno acceda por primera vez al sistema. Un buen diseño pedagógico del curso reforzará con acciones sencillas la dinámica y potenciará obtener el máximo rendimiento de los alumnos.

El profesor-tutor será el encargado de llevar el peso académico, debe ser experto en la materia a impartir y conocer las posibilidades y limitaciones del sistema para poder aprovechar o reforzar los contenidos según corresponda.

El perfil de un buen profesor-tutor *on-line* es muy diferente al de un presencial, cuando en el mundo presencial se valora la capacidad de transmitir ideas y la de comunicar, en el mundo *on-line* se valora la constancia y capacidad de síntesis. El ser humano no habla igual que escribe, ni lee igual que escucha, por lo que las habilidades que debe potenciar un profesor dependen mucho de la metodología y no se trata de trasladar lo presencial al mundo *on-line*.

El administrador debe garantizar que el entorno donde se desarrolla la actividad formativa no tenga problemas tecnológicos. Debe ser conocedor de la plataforma para poder dar respuesta rápida a cualquier alumno y profesor. Cualquier curso, a pesar de tener un buen profesorado y alumnos motivados, puede venirse abajo si el sistema no cumple los requisitos para ser el canal de comunicación entre alumnos y profesores.

El papel del administrador pueden cumplirlo una o varias personas, dependerá de la magnitud de los proyectos. Se puede diferenciar entre la administración académica y la administración técnica.

Una buena administración técnica debe dar respuesta rápida a dudas y problemas de profesores y alumnos, antes y durante el desarrollo del curso. Así mismo, debe trabajar constantemente en la búsqueda de nuevas soluciones y actualizaciones del sistema con el fin de mejorarlo y hacerlo más fácil de usar para todos los participantes. Es la responsable, a su vez, de ayudar y asesorar al profesor-tutor, con el fin de que pueda trasladar su metodología docente al sistema. A veces, un docente puede diseñar un magnífico curso, metodológicamente hablando, pero debido a las limitaciones del sistema tenga que rediseñarlo porque no pueda ser desarrollado.

Cuando diseñamos un curso, la administración académica puede no requerir grandes conocimientos técnicos, pero sí conocer profundamente las carencias y fortalezas que dispone el sistema donde se desarrollará el curso. Quien desempeñe la administración académica deberá conocer toda la información anteriormente descrita y deberá conseguir que el matrimonio profesor-alumno esté totalmente alineado académicamente hablando y tenga los medios necesarios para una comunicación fluida y de calidad.

1.3 POTENCIALIDADES Y LIMITACIONES DEL *E-LEARNING*

El *e-learning* no es, ni mucho menos, un sustitutivo de la formación presencial, aunque constituye la opción más adecuada en aquellos casos en los que existen limitaciones manifiestas de horario y disponibilidad geográfica. Además, dadas las característica de acceso a este tipo de servicios es posible aprovechar las ventajas de las economías de escala en la formación de grandes grupos de usuarios. Por otra parte, la concepción centrada en el usuario del *e-learning* supone una mejora de la interactividad entre alumnos y profesores y lleva asociada una notable mejoría en las tasas de retención de conocimientos.

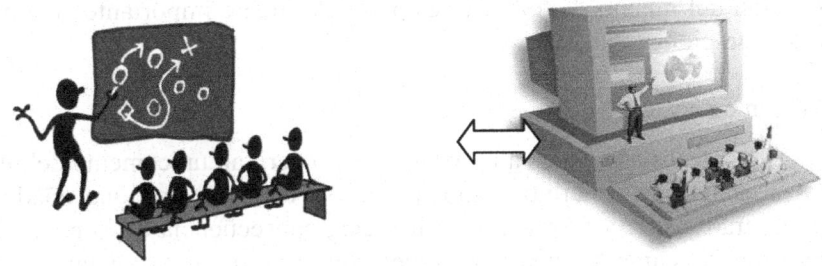

Figura 1.1. Mundo presencial vs virtual

Como **beneficios** principales del *e-learning* destacan los siguientes:

– Aprendizaje en cualquier momento y en cualquier lugar.

Una de las ventajas del acceso a los contenidos a través de Internet es que el único requisito para asistir a la acción formativa es disponer de una conexión a la red de comunicaciones, eliminando todo tipo de barreras físicas.

Por otra parte, y salvo en aplicaciones muy específicas, el usuario puede adaptar la acción formativa a su disponibilidad temporal, puesto que los contenidos están accesibles continuamente. Además, la actualización de los contenidos es casi instantánea y la información puede ser consultada tantas veces como se desee.

– Aprendizaje más eficaz.

El hecho de que cada alumno tenga la posibilidad de marcarse su propio ritmo de aprendizaje y que sea él mismo quien gestione su tiempo y el modo de emplear los materiales formativos ha demostrado que la curva de aprendizaje llega a acelerarse, en algunos casos, hasta un 60% respecto de la formación presencial tradicional.

Según varios estudios, los alumnos tienden a profundizar más en los temas cuando el aprendizaje se produce *on-line*, esto se debe en parte a que en el *e-learning* el profesor no monopoliza toda la atención. Además, formación *on-line* fomenta la participación ya que los alumnos, al no sentirse físicamente expuestos frente a sus compañeros, tienden a perder la timidez y el sentido del ridículo.

– Formación a gran número de profesionales en poco tiempo.

El *e-learning* aprovecha las economías de escala generadas por el hecho de que un mismo contenido puede ser reutilizado indefinidamente por un gran número de usuarios, facilitando la amortización del desarrollo o adquisición del mismo. Este hecho es particularmente importante en empresas y Administraciones Públicas.

– Reducción de costes.

Los costes asociados a la formación no derivan únicamente del importe de los contenidos formativos, sino que a esa cantidad hay que añadirle los costes de transporte, alojamiento, dietas, etc., consecuencia de la necesidad de desplazarse físicamente hasta la ubicación en que tiene lugar la acción formativa de que se trate. Este precio tan elevado es, precisamente, unos de los principales impedimentos que tanto organizaciones como particulares señalan a la hora de decidirse por invertir en formación. El *e-learning*, al utilizar Internet como medio de acceso, elimina todos estos costes, además de que los cursos se pueden ofrecer en sesiones más cortas y durante períodos de tiempo más largos sin que la formación monopolice todo el tiempo, lo que permite compaginar la formación con las obligaciones laborales y personales.

El *e-learning* a su vez, y principalmente por ser una formación a distancia tiene algunas **limitaciones** que podemos destacar:

– No todas las temáticas son susceptibles de ser llevadas al mundo *on-line*.

A día de hoy, existen algunas temáticas que no pueden impartirse *on-line*, ya que cuando se trate de desarrollar habilidades que requieran una presencia física para poder transmitir mejor esos conocimientos, las tecnologías actuales no suplen esa carencia. Si, por ejemplo, quisiéramos virtualizar una asignatura de medicina, no habría ningún problema si se tratara de anatomía, en la que se podría documentar al detalle toda la información, incluso apoyarse en imágenes y contenidos multimedia para conseguir su mejor comprensión y visualización. Pero, ¿qué sucedería si quisiéramos formar a un médico con las habilidades necesarias para realizar una operación? Sería imposible conseguir que desarrollara la destreza necesaria para hacer una operación sin una presencialidad y unas prácticas que apoyaran las técnicas explicadas.

– Pérdida de la percepción física del alumnado.

La pérdida de presencia en la clase tanto para el docente como para el alumno afectará a su desarrollo, ya que en caso de no estar frente a frente el docente tiene la posibilidad de percibir la atención y el interés de los alumnos sobre el tema que trata, así como de su comprensión, lo que permitiría hacer modificaciones sobre la marcha para aclarar conceptos y reenfocar su docencia hacia aquello que interese más a los alumnos. En un curso *e-learning* esas percepciones se pierden, por ello, será importante que los alumnos sean muy participativos con el fin de que el docente conozca sus intereses de primera mano y pueda reaccionar de la misma forma que si fuera presencial.

–   Limitaciones sociales.

El avance tecnológico ha sido muy rápido, y ha conseguido en muy poco tiempo dotarnos de posibilidades que antes eran impensables, pero el avance social no ha ido al mismo ritmo, por lo que muchas personas no se sienten cómodos con esa tecnología o esos dispositivos tan modernos que requieren de un manejo que no ha dado tiempo a asimilar. Por otra parte, aunque cada vez menos, se da el caso de que se valora menos un título de un curso *on-line* que un título de un curso presencial, es difícil valorar ante una misma materia cual es la modalidad óptima, por ello en muchas ocasiones se utiliza una modalidad mixta o *blended learning*, en la que se compagina lo mejor de ambos mundos, por un lado la flexibilidad de seguir un curso *on-line* y por otro el refuerzo de asegurarse que los conocimientos impartidos se han asimilado con unas sesiones presenciales.

–   Estrecha relación tecnológica.

La tecnología tiene una estrecha relación con el *e-learning* y por tanto existe una dependencia que condiciona su éxito. Pero debe ser pensada como un medio y no como un fin. Sólo por disponer del mejor sistema de teleformación no estamos haciendo *e-learning*, debemos decir, que disponer de un mal sistema o un buen sistema pero con problemas de conexión provocará que se dificulte la relación alumno docente disminuyendo considerablemente las opciones de éxito. Por tanto, esta dependencia con la tecnología deberemos cuidarla y no escatimar en invertir en su seguridad y robustez a la hora de desarrollar cualquier proyecto *e-learning*.

1.4 MODALIDADES: *E-LEARNING, B-LEARNING,* SÍNCRONO, ASÍNCRONO, AUTOFORMACIÓN, *E-LEARNING* TUTORIZADA, *MOBILE LEARNING*

La metodología de un curso *e-learning* no es algo fijo que se pueda recomendar como una receta, ya que dependiendo del tipo de alumnos y profesores, será recomendable la utilización de una u otra. Un buen diseño de la metodología a seguir es clave para favorecer el éxito del proyecto. Debemos conseguir que el alumno se encuentre implicado en el curso, pero sin saturarlo con documentaciones extensas o muchas entregas de trabajos que lo presionen. Para diseñar un curso hay que tener en cuenta la disponibilidad que tendrá el alumno a la hora de afrontarlo, en la mayoría de los casos los alumnos suelen ser personas que lo compatibilizan con otras actividades, por lo que un diseño descansado con períodos de recuperación y con entregas flexibles, ayudaría mucho a que la gran mayoría de los alumnos culminen con éxito el curso.

El seguimiento de los alumnos es algo que va muy ligado a la metodología, nos permitirá hacer modificaciones al respecto, pudiendo adaptar nuestra metodología a cambios que se vayan realizando durante el desarrollo del curso. El seguimiento debe ser una tarea diaria, ya que a pesar de ser flexibles con los alumnos, seremos exigentes en sus resultados, ya que el objetivo final es aprender y el ser humano por naturaleza necesita de presión propia y externa para forzarse a sacar lo mejor de sí mismo.

Como comentábamos anteriormente, las nuevas tecnologías nos han brindado muchísimas posibilidades que nos permiten disponer de datos sobre alumnos y profesores tutores durante el curso, deberemos ser capaces de extraer y aprovechar la información que disponemos para ponerla en nuestro favor. Mencionábamos que por muy buen sistema que empleemos para nuestros cursos, si no sabemos utilizarlo, no nos servirá de nada. Cuando hablamos de saber usarlo, no nos referimos a técnicamente, sino a pedagógicamente que es el gran error cometido por muchos de los proveedores de formación.

Dependiendo de la metodología que utilicemos diferenciaremos una u otra modalidad, así como la relación existente entre el profesor-tutor y el alumno. Algunos de los conceptos más utilizados son:

– *E-learning* vs *B-learning.*

Ambos conceptos son utilizados en formación a distancia, de hecho uno de ellos incluye el otro. Es decir, cuando nos referimos a la realización de un curso e-learning, estamos hablando de un curso totalmente *on-line*, en el que toda la relación profesor-alumno se realiza virtualmente, sin ningún tipo de presencialidad. En el caso del modelo *b-learning*, además de realizar la formación virtual, se incluye una parte presencial, de ahí su nombre *blended-learning* o "mixto". Ambos modelos son muy válidos y recomendables para según qué tipo de formación. Por ejemplo, para un curso corto con una temática sencilla podría ser muy recomendable la modalidad *e-learning*, sin embargo, si la temática es más complicada o difícil de asimilar sin una explicación presencial, es recomendable complementar el curso con alguna sesión que permita al docente aclarar los conceptos a los alumnos.

— Síncrono vs asíncrono.

Dependiendo de la relación de dependencia temporal que tengan los alumnos con el curso que estén realizando podremos hablar de síncrono o asíncorno. Un curso síncrono se trata de aquel en el que los alumnos deben coincidir en tiempo con el profesor, así por ejemplo, el profesor podría comunicarse con ellos a través de un chat, una videoconferencia o una pizarra digital. Esta metodología limita en parte a los alumnos ya que tienen un horario que cumplir. Sin embargo, también existe un modelo sin esa limitación, se trata de la metodología asíncrona, en la que la relación profesor alumno no debe coincidir en tiempo y pueden comunicarse en momentos temporales diferentes mediante foros, correo electrónico y otros canales. Por tanto, lo único en lo que se diferencia síncrono de asíncrono es en el tipo de canal de comunicación que se emplea, de manera que unos requieren la coincidencia temporal y otros no.

— *E-learning* tutorizado vs autoformación.

El *e-learning* al que nos referiremos en esta obra será siempre al *e-learning* tutorizado, el concepto de *e-learning* puede tener muchos apellidos, pero por el que es más conocido es por este, en el que requiere del seguimiento de un profesor. Si bien la autoformación *on-line* también es e-learning, la formación tutorizada obtiene mejores resultados ante una misma materia. La autoformación se suele utilizar cuando se quieren trasmitir unos sencillos conocimientos a muchos alumnos, entonces se suele preparar un curso en el que el alumno pueda seguir y autocorregir sus errores según vaya avanzando. Sin embargo, en el caso del *e-learning* tutorizado, se trata de hacer un seguimiento mucho más detallado del alumno, en el que en todo momento se puede obtener más información a través del profesor de la que se ha diseñado en un primer momento, así el alumno, si le resulta interesante, puede profundizar y comentar con el profesor la temática que está impartiendo para conseguir un mayor aprendizaje.

— *M-learning*.

A día de hoy, están surgiendo numerosas tendencias en el mundo de las telecomunicaciones, una de las más relevantes es la convergencia en cuanto a contenidos y dispositivos hacia el mundo móvil. Esto ha provocado que el teléfono móvil ya ha pasado a dar servicios que antes eran pensados para un ordenador personal. Si combinamos la necesidad de formación junto con la escasez de tiempo, encontramos que el móvil es uno de los canales que permiten obtener nuevos beneficios en tiempos que se daban por perdidos debido a que no se tenía delante un ordenador durante los desplazamientos. Cada vez es más común que las personas utilicen el móvil para leer el correo, descargarse documentos y por qué no, acceder a contenidos y realizar cursos, durante sus desplazamientos en trasporte público o en lugares de espera entre una y otra actividad. Este medio es por tanto una de las tendencias que marcarán la formación en un futuro breve.

	Ventajas	Desventajas
E-learning	Total flexibilidad e independencia, sin horarios.	En ocasiones, algunas temáticas son difíciles de ser impartidas sin presencialidad.
B-learning	La presencialidad complementa en gran medida la formación.	Pérdida parcial de flexibilidad y dependencia física y temporal.
Síncrono	Permite la resolución de dudas rápidamente.	Requiere disponibilidad horaria de todos los participantes.
Asíncrono	El seguimiento es totalmente flexible a horarios.	Requiere de mucha constancia por el docente para evitar largas esperas.
Tutorizado	El alumno puede consultar las dudas que le surjan.	Limita la formación en número de alumnos al tener un recurso limitado.
Autoformación	Todo está pensado para que el alumno sea autosuficiente.	Si surgen dudas hay que recurrir a las ayudas a veces no muy descriptivas.
M-learning	La formación está disponible en cualquier momento y lugar.	Los dispositivos limitan las acciones que pueden hacer los usuarios.

Tabla 1.1. Modalidades de e-learning

1.5 APORTACIONES DEL *E-LEARNING* FRENTE A LA FORMACIÓN A DISTANCIA CLÁSICA

Al comienzo del capítulo presentábamos la evolución que ha tenido la educación a distancia cuando en sus inicios consistía en el envío de los materiales didácticos y documentos a los alumnos para su estudio y preparación de un examen presencial. El *e-learning* tal y como lo entendemos en esta obra consigue mantener la flexibilidad e independencia que tenía el alumno en la educación a distancia clásica, pero consigue, con el uso de la tecnología y aplicando unas metodologías adecuadas, paliar en gran medida las carencias de la ausencia física del profesor, reforzando incluso algunos de los problemas causados de la impartición presencial.

Por tanto, el *e-learning* nos permite:

– Mantener la flexibilidad de la formación a distancia consiguiendo acercar profesor y alumno durante todo el ciclo formativo y no solo en períodos puntuales (exámenes y tutorías).

– Permiten no sólo trabajar con el profesor, sino trabajar en equipo con otros compañeros. El potencial de este factor es inmenso, ya que la posibilidad de intercambiar dudas y experiencias entre alumnos, enriquece enormemente la formación del alumno.

– El *e-learning* permite una gestión mucho más controlada y eficaz del alumnado, con lo que se reduce la logística considerablemente. Esto ha favorecido a disminuir el coste por alumno lo que permite dedicarle más tiempo al alumno y poder gestionar grupos más numerosos.

– Los recursos *e-learning* son de una mayor calidad, la posibilidad de enviar los documentos a los alumnos a través de una plataforma, o por *e-mail*, agiliza mucho la distribución de los mismos y garantiza la llegada de los mismos. Además, la tecnología permite transmitir ficheros multimedia que son mucho más ricos pedagógicamente hablando, lo que aumenta y beneficia la formación final percibida por el alumno.

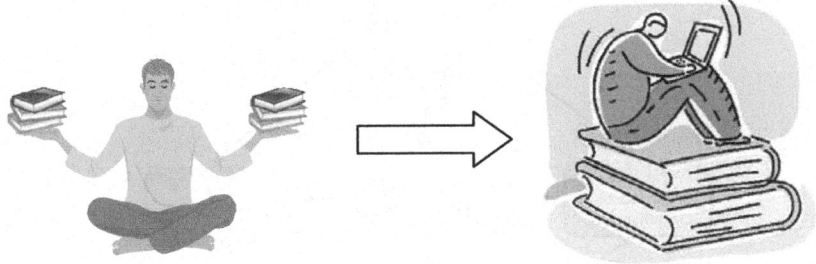

Figura 1.2. De la formación clásica al e-learning

1.6 GESTIÓN DE PROYECTOS DE *E-LEARNING*

La puesta en marcha de un campus virtual es una decisión estratégica y, como tal, debe planificarse adecuadamente. De acuerdo con la experiencia de los autores, existen cinco factores críticos para el éxito de un proyecto de *e-learning*, todos ellos interrelacionados entre sí:

1. Entorno o contexto de desarrollo: las condiciones de mercado, si el proyecto resulta o no atractivo, las oportunidades de mantener una rentabilidad sostenida manteniendo una posición competitiva, son algunas de las características de este factor. También incluiría una visión global del sector analizando patrones, choques y las tendencias del mismo.

2. Disposición para el aprendizaje: se deben analizar los hábitos de aprendizaje y la mentalidad con la que se afronta el aprendizaje. Hay que luchar contra el pensamiento convencional y las fuerzas tradicionales del mercado inmediato. Es el paradigma de la época y, sin embargo también la voluntad de desafío que ejemplifica.

3. Liderazgo: la capacidad de dirigir y liderar en los temas predominantes durante el proyecto.

4. Aprendizaje de la tecnología: las nuevas formas de tecnología que las organizaciones están utilizando para permitir el aprendizaje.

5. Soporte a los procesos organizativos: sistemas, estructuras y otras formas de apoyo que las organizaciones ofrecen a los empleados para ayudar en su aprendizaje y actividades.

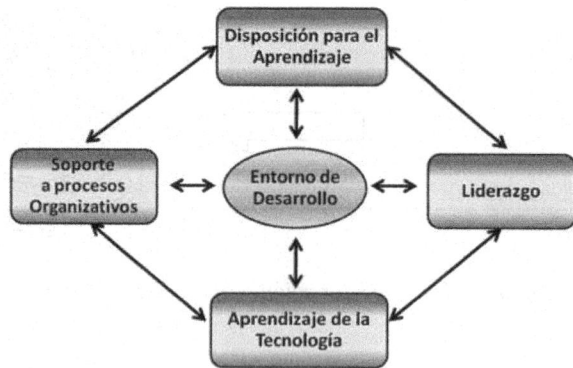

Figura 1.3. Factores críticos para el éxito de un proyecto de e-learning

La realización de tareas de este tipo no dista mucho de las usuales en la implantación de otro tipo de soluciones tecnológicas en las organizaciones, para las que ya existe gran cantidad de marcos de trabajo y metodologías disponibles y que pueden facilitar la tarea. Primeramente, se estudia el entorno y su funcionamiento y, en especial, qué oportunidades y amenazas presenta. A continuación se establecen los objetivos que describen qué posición desea alcanzarse en dicho entorno y se formula una estrategia que persiga la consecución de dichos objetivos. Hecho esto, se construye una estructura organizacional capaz de dar soporte a la estrategia establecida. Finalmente, se diseñan los sistemas de análisis, planificación y control necesarios para implementar y controlar la estrategia institucional.

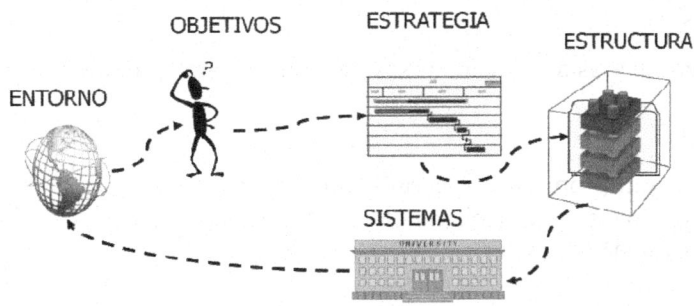

Figura 1.4. El e-learning *como decisión estratégica*

Aunque parezca de Perogrullo, uno de los aspectos más importantes en la puesta en marcha de un campus virtual es la elaboración de un plan de proyecto en el que se describan los aspectos más importantes del mismo, la planificación, se vayan incluyendo los valores de los distintos indicadores que permitirán medir el éxito o el fracaso del proyecto, etc. Sin ánimo de ser exhaustivos, proponemos los siguientes:

1. Descripción breve del proyecto.

En uno o dos párrafos, se explicará breve y claramente el problema que se ha detectado y que se pretende resolver.

2. Descripción del entorno.

En este apartado, se incluyen todos los factores relevantes que pueden determinar el éxito o fracaso del proyecto (características de la organización, resultados de experiencias anteriores, etc.) así como las limitaciones externas que se considere de influencia (presupuesto, factores políticos, etc.). Se trata de indicar, en términos generales, qué es necesario tener en cuenta para resolver el problema identificado.

3. Objetivos del proyecto.

Emplear un máximo de siete viñetas para establecer qué objetivos trata de alcanzar la solución propuesta. Es importante que los objetivos seleccionados y sus prioridades representen el punto de vista estratégico de la organización. Los objetivos deben ser claros, concisos y concretos.

4. Estado actual.

Identificar los procesos de la organización que pueden verse afectados por la solución propuesta por el proyecto.

5. Requisitos.

Realizar una lista de los recursos necesarios para completar el proyecto.

6. Alternativas.

La solución propuesta se comparará con al menos dos o tres alternativas, explicando las razones de la decisión elegida y haciendo hincapié en sus ventajas e inconvenientes (análisis DAFO).

7. Plan de acción.

En este apartado, se establecen los hitos del proyecto y los requisitos que deben cumplirse para alcanzarlos, a la vez que se indican las desviaciones potenciales respecto de la evolución esperada y, en la medida de lo posible, las acciones correctoras que intentarán corregir estas desviaciones. Es importante que las metas que se fijen sean fácilmente medibles, por ejemplo, "aumentar el 10% el número de estudiantes procedentes de empresas", en el caso de una institución educativa.

8. Resumen ejecutivo.

Finalmente, se resumirán, en una sola página, las conclusiones de los apartados anteriores.

En realidad, la gestión de proyectos no es más que una exposición formal del sentido común aunque, sin embargo, dependiendo del tamaño y el ámbito de esta tarea, la enunciación de unos principios básicos resulta esencial.

1.7 EL FORMADOR COMO TUTOR. LAS TUTORÍAS TELEMÁTICAS. TAREAS DEL FORMADOR COMO TUTOR VIRTUAL. LAS COMPETENCIAS DEL FORMADOR VIRTUAL. ¿CÓMO VALORAR EL TRABAJO DE LOS TUTORES VIRTUALES?

El papel que debe desempeñar un buen profesor con la metodología *e-learning* no es el mismo que si se tratara de un presencial; cuando la formación se hace en línea, el profesor debe cuidar mucho la documentación que entregará al alumno, ya que cuando la revise estará solo y si no es clara y concisa, surgirán muchas dudas que dificulten el seguimiento. Una buena documentación elaborada debe ir respaldada de muchos ejemplos prácticos en los que se pueda ir entendiendo cada concepto y aplicándolo en ejercicios propuestos.

Cuando hablamos de profesor, le ponemos el apellido tutor porque es aquí donde se empieza a diferenciar la verdadera formación *e-learning*. El tutor, no sólo debe ser muy constante y rápido en la resolución de dudas de los alumnos, sino que debe saber llegar a los alumnos, motivándoles e incentivándoles a seguir participando en el curso para que no se desanimen y lo cumplimenten con éxito.

El profesor debe saber hacer un diseño del curso con una metodología afín al perfil del alumnado. Se encargará de educar al alumno, no sólo explicando la materia, sino también cumpliendo la metodología. Por tanto si el profesor conoce que todos sus alumnos tienen un perfil muy homogéneo, podrá adaptar sus ejemplos y contenidos para favorecer la comprensión de la materia sesgándola a tal perfil. En caso de que el público objetivo sea muy heterogéneo, será importante conocer los resultados de los cursos pasados para trabajar en una mejora continua, pero para una primera edición habrá que basarse en la experiencia propia y tener siempre en cuenta que el alumno sólo dispondrá del material entregado.

Existen algunos indicadores para valorar el trabajo de los tutores, pero debemos diferenciar dos puntos de vista. Por una parte, tenemos el punto de vista percibido por el organizador del curso, de tal manera que se puede valorar la puntualidad en la entrega de los materiales, la disponibilidad y adaptación de los mismos al perfil del grupo y la metodología del curso, así como la actualización de contenidos a la fecha de impartición. Durante el curso, el organizador podrá medir la calidad del tutor teniendo en cuenta factores como la rapidez y precisión en la respuesta hacia los alumnos. Este punto de vista suele no tenerse en cuenta pero tienen especial influencia en el desarrollo y éxito del curso.

Por otro lado, el indicador clave que nos marcará el éxito o fracaso del curso, será la opinión y valoración de los alumnos, el problema es que ésta no está determinada únicamente por el tutor, sino por la percepción global del curso, por lo que habrá que afinar en la recolección de opiniones diferenciando opinión sobre contenidos, curso completo y tutorización del profesor.

Finalmente, podemos concluir que la valoración del tutor debe ser el acumulado de varias experiencias, ya que normalmente cuando un profesor/tutor se incorpora a un curso, tarda un tiempo en encajar su docencia a la metodología que tiene diseñado el organizador del curso, por tanto habrá que acumular al menos un par de experiencias para poder evaluar el grado de éxito de un docente a la hora de impartir una temática.

1.8 LOS ALUMNOS VIRTUALES: ESTILOS Y PRINCIPIOS DE APRENDIZAJE, EXPECTATIVAS, APRENDIZAJE AUTÓNOMO

Históricamente los alumnos que han estudiado a distancia eran personas que vivían lejos de los centros o que compatibilizaban sus estudios con el trabajo u otras actividades. Pero hoy en día cualquier persona está en disposición de realizar un curso *e-learning*, ya que son muchos los motivos que le pueden llevar a hacerlo.

El alumno que se forma a través de *e-learning* debe ser consciente de que será él quien se marque el ritmo de estudio y quien autogestione su tiempo. Debe tener unas expectativas sobre el curso razonables, por lo que se le debe informar de los objetivos y la metodología a seguir. Muchos alumnos que inician un curso sin conocer lo que realmente van a aprender, acaban desmotivándose y abandonando el programa porque no cumple lo que están buscando.

Los alumnos serán los principales protagonistas de los proyectos ya que el objetivo final es maximizar su formación, obtener los mejores resultados y simplificarles, mediante el uso de la tecnología, la tarea de estudio en la medida de lo posible. Deberemos tratarlos como a nuestros "clientes" y tener siempre en cuenta que serán ellos los que evalúen el resultado final del proyecto.

Es importante siempre conocer la opinión del alumno, realizando encuestas periódicas durante el desarrollo del curso que nos permitan conocer si estamos haciendo las cosas bien y si la percepción del alumno es la que deseamos. De la misma manera, si el curso se repite, podremos adaptar nuestra metodología con los cambios que hayamos detectado.

PARTE I:
DIMENSIÓN ESTRATÉGICA

Capítulo 2

ANÁLISIS Y PLANIFICACIÓN ESTRATÉGICOS

2.1 CONTEXTO SOCIECONÓMICO DEL *E-LEARNING*

El paso previo a cualquier análisis consiste en el estudio del entorno en el que convive la organización y que va determinar, no solamente las herramientas con las que va a tener que competir con otras organizaciones de dicho entorno sino las condiciones en que se verá obligada a hacerlo. Con el fin de agrupar el estudio de los impulsores del *e-learning*, se empleará una adaptación de la propuesta de Lovelock (1999) según la cual conviene analizar el papel que juegan los impulsores del entorno que rodea a la organización, agrupándolos en cinco grupos: impulsores de mercado, impulsores tecnológicos, impulsores gubernamentales, impulsores de la competición e impulsores de costes. En la Figura 2.1 se indican cada uno de estos impulsores en el caso del *e-learning*. Evidentemente, algunos de estos impulsores pertenecen a varios de los ámbitos señalados, de hecho, resulta difícil encontrar alguno que no tenga un matiz económico.

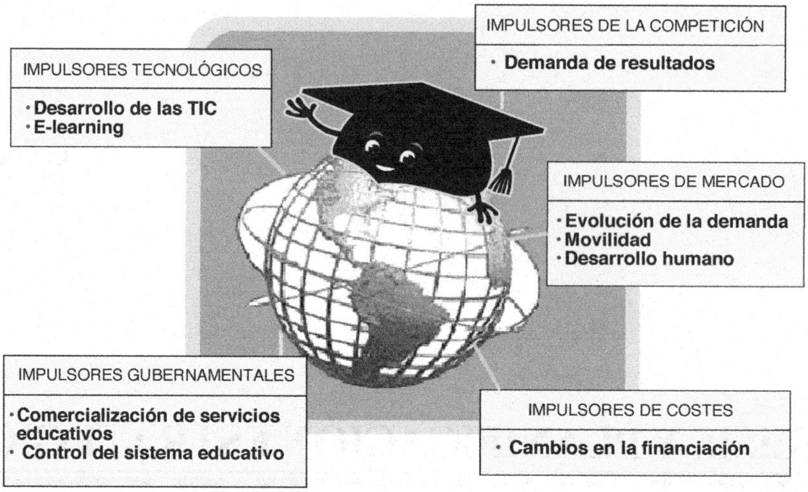

Figura 2.1. Impulsores del e-learning

2.1.1 Evolución de la demanda de enseñanza universitaria

La evolución de la demanda de formación universitaria durante las últimas décadas en las economías desarrolladas se explica por el aumento de los requerimientos de capacidades y conocimientos de los trabajadores por parte de las empresas y de los gobiernos, unido a una voluntad política de democratizar el acceso a la Universidad y, por tanto, de incentivar la incorporación de todas las clases sociales (Geuna, 2000).

Por lo que respecta a la sociedad, ésta precisa de mano de obra con competencias, habilidades y conocimientos de mayor nivel y más especializada. Además, los estudiantes han de estar preparados para el nuevo entorno laboral que se avecina. Las habilidades adquiridas tendrán su reflejo en el desempeño de su futura actividad profesional. Hasta hace algunos años los modelos de organización laboral seguían unos esquemas claros y estables. Hoy en día, nos enfrentamos a profundos y continuos cambios que nos obligan a movernos sin modelos de referencia (Moreno, 2004):

1. Las empresas eran organizaciones que ofrecían estabilidad a sus profesionales. El desarrollo de la carrera se producía, sustancialmente, en una única organización. Hoy los niveles de rotación han roto los esquemas de "confianza mutua" que cohesionaban culturas empresariales. El nuevo contrato moral entre empresa y trabajador se sustenta en la ecuación "aportación de valor medible-mejora de empleabilidad".

2. Los conocimientos que un trabajador tenía podían sustentar su actividad profesional durante toda la vida. Hoy las TIC (Tecnologías de la Información y las Comunicaciones), la modificación de procesos que introducen, la globalización, etc. nos sitúan ante una necesidad permanente de actualización de conocimientos y pone en la cresta de la ola a la formación continua, el *e-learning* y la gestión del conocimiento.

En un mercado globalizado, cada vez más competitivo, con una importancia creciente de las nuevas tecnologías y los rápidos cambios sociales, culturales y económicos que se propician, resulta imprescindible elevar el nivel del capital humano e ir actualizando y renovando conocimientos y especializarse en aquello que demanda la sociedad, para no quedar al margen del mercado laboral. No hay que olvidar que, como señala Bloom (2005), existe una fuerte correlación positiva entre la demanda de educación superior de una nación o región y su rendimiento competitivo en un entorno globalizado. Esta competencia global y la flexibilidad del mundo del trabajo requieren una educación que vaya más allá de obtener una titulación y conseguir un empleo con vistas a conservarlo durante toda la vida activa (Keegan, 2000).

Se necesitan prácticas de formación a lo largo de la vida para actualizar los conocimientos, así como oportunidades de aprendizaje adaptadas a las necesidades de cada individuo. De hecho, una de las mayores preocupaciones de los gobiernos e instituciones es la de la figura del estudiante adulto que dispone de menos tiempo para el aprendizaje presencial, a causa de sus obligaciones laborales o familiares y que desea o necesita actualizar sus conocimientos, emprender una nueva carrera o postgrado, o ampliar su educación, para lo que no puede sufrir limitaciones de horarios, lugares geográficos o incurrir en los gastos de tiempo y dinero que significaría instalarse en la ciudad donde opera la universidad. Es, particularmente en este segmento del mercado (denominado *lifelong learning*), en donde existirá una competencia feroz en los próximos años y en donde el *e-learning* se posiciona como la alternativa idónea.

Este nuevo universo educativo es tomado muy en cuenta no sólo por gobiernos, sino por organizaciones internacionales: la Conferencia de la UNESCO sobre Educación Superior de 1998 (citado por Finquelievich y Prince, 2006) planteaba ya que la tarea central de la educación superior actual es proporcionar oportunidades de formación a lo largo de la vida, ofreciéndoles a los estudiantes un óptimo abanico de posibilidades y flexibilidad en cuanto a los puntos de entrada y de salida del sistema, así como facilidades para su desarrollo personal y su participación activa en la sociedad. Además de realzar estos dos ejes, la Conferencia también estipula que las instituciones de educación superior deberían proporcionar formación para el PAS y el PDI, asegurar equidad y acceso igualitario a esta formación, particularmente para las mujeres, y adoptar políticas explícitas con respecto al uso de TIC.

2.1.2 Desarrollo humano

En las últimas décadas, las investigaciones en Economía Laboral permiten concluir que en la Sociedad de la Información el valor es producto del conocimiento y la información y que las empresas no pueden generar utilidades sin las ideas, las destrezas y el talento de los trabajadores del conocimiento, por lo que el reto para ellas es apostar por las personas (Moldoveanu, citado por Fuentes, 2005) y, en este sentido, la formación continua de los trabajadores se constituye como un elemento clave (Caparrós, Navarro y Rueda, 2005) para mantener actualizados los conocimientos de la fuerza de trabajo (Lynch, 1989) y facilitar a los empleados el acceso a trayectorias laborales ascendentes (Blau y Khan, 1996). Desde el punto de vista del empleador, por otra parte, permite contar con una fuerza de trabajo competitiva (Caparrós, Navarro y Rueda, 2005).

En efecto, el valor del talento humano como fuente crítica de ventaja competitiva es cada vez más reconocido por las empresas, no en vano las empresas que comparten los mayores estándares de satisfacción de los empleados son también las que mayores índices de rentabilidad presentan, según el Great Place to Work Institute (citado por Fuentes, 2005). Corresponderá a las instituciones educativas revisar sus programas formativos para garantizar que los estudiantes egresados disponen de las destrezas y el talento que el mercado de trabajo espera de ellos.

Por otra parte, la desaparición del horizonte laboral del empleo continuo y estable en una misma empresa (Keegan, 2000) obliga a los empleados a prepararse para cambiar de trabajo, puestos y responsabilidades a lo largo de su vida laboral. Tanto es así, que hoy en día un contrato a largo plazo dentro de una misma organización, en general, es menos valorado que el conjunto de destrezas que el empleado va a adquirir durante su estancia en la misma y el grado en que éstas son demandadas por el conjunto del sistema productivo. Entre este conjunto de destrezas y habilidades que determinan la empleabilidad de una organización, destacan el trabajo en equipo, la movilidad, la iniciativa y la formación continua. Como consecuencia, debe abandonarse la creencia tradicional que de que la educación universitaria tiene como fin preparar a los estudiantes para el desempeño de un trabajo concreto.

En su empeño por convertirse en la Sociedad del Conocimiento más competitiva para el año 2010, la Unión Europea ha puesto en marcha diversas actuaciones centradas en extender el concepto de aprendizaje más allá de los límites tradicionales de las escuelas, universidades e institutos (Comisión Europea, 2003). Esto es lo que se llama aprendizaje a lo largo de la vida, formación continua o formación permanente. El *e-learning* constituye un soporte idóneo para este tipo de aprendizaje, dado que los estudiantes suelen serlo a tiempo parcial, compaginando los estudios con su actividad laboral u otras actividades. Por ello, es muy importante fomentar el despliegue y asimilación, por parte de la sociedad, de las TIC ya que sólo así podrá garantizarse el acceso a la educación.

2.1.3 Movilidad

La posibilidad de realizar una estancia (física o virtual) de duración variable en el extranjero para completar los estudios es cada vez más demandada por los estudiantes.

En el contexto europeo, la Declaración de Bolonia (1999) anima a los países a promover la libre circulación de estudiantes, profesores e investigadores. De hecho, las universidades europeas, en el contexto del Espacio Europeo de Educación Superior, están fomentando una mayor movilidad tanto horizontal como vertical a través de instrumentos como los créditos ECTS y el Suplemento al Título.

Fernández y Ruzo (2004) distinguen tres tipos de movilidad que contribuyen de forma diferente a la internacionalización de la Educación Superior, y que son (ver Figura 2.2):

1. Movilidad física.

Supone el desplazamiento físico de los estudiantes al país en que reside la institución en la que cursarán sus estudios. Este tipo de iniciativas se ha venido favoreciendo a través de programas como ERASMUS o SÓCRATES.

2. Movilidad ficticia.

En este caso, el estudiante cursa los estudios en una Universidad de su país de origen que ha llegado a algún acuerdo con la universidad (o empresa) extranjera, de tal manera que el título conseguido será homologado por esta última.

Según Jones (2001) y Machado (2002), es posible distinguir las siguientes modalidades:

- Campus satélites: la institución extranjera crea una sucursal en el país extranjero. Ejemplo: las universidades de Edimburgo, Birmingham y Manchester han establecido una Universidad Británica en Dubai que ofrece el título de máster en varios campos.

- Franquicias: la institución extranjera reconoce a una entidad nacional como centro oficial de formación y homologa los títulos que esta última concede.

- Programas articulados: la institución extranjera convalida sistemáticamente los estudios ofertados por otra nacional.

– Programas hermanados: oferta conjunta de programas entre instituciones de países diferentes que pueden exigir una estancia parcial del estudiante en el extranjero.

– Programas corporativos: se convalida la titulación de una institución extranjera previa superación de un examen.

3. Ausencia de movilidad.

Este tipo de movilidad es la que más interesa a los efectos de esta obra, ya que la interacción entre el estudiante y la universidades se lleva a cabo desde su hogar, ya sea por correo postal, electrónico o Internet. También recibe el nombre de movilidad virtual y ha sido fuertemente impulsada por el desarrollo de las TIC.

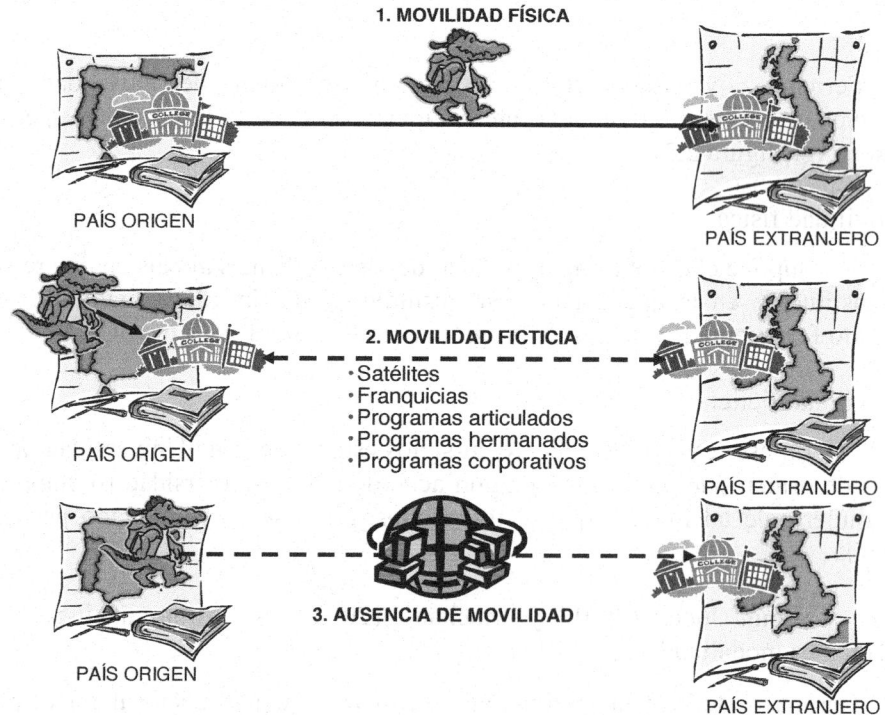

Figura 2.2. Distintos tipos de movilidad

2.1.4 Cambios en el control del sistema educativo

Los cambios que está sufriendo la Educación Superior como consecuencia de la globalización, no se limitan únicamente a un ámbito cultural y académico, sino que también existe una clara incidencia en aspectos económicos. De hecho,

Teichler (2004) subraya que gran parte del debate acerca de la globalización de la Educación Superior se centra en su orientación al mercado, su competitividad y su gestión.

La prestigiosa revista *The Economist* publicó en 2005 un monográfico sobre Educación Superior[1] en el que se compara los modelos de Educación Superior pública, típicos de Europa, y los modelos de Educación Superior orientados al mercado, típicos de países anglosajones y cuyo máximo exponente es Estados Unidos. En este ensayo se subraya que la pérdida de competitividad del sistema universitario europeo se debe a un exceso de control estatal que impide a las universidades regir su propio destino, mientras que, por el contrario, el éxito del modelo estadounidense se fundamenta en el limitado rol que juega el Estado Federal y el fomento de la competitividad en todos sus ámbitos (desde el puramente académico hasta el deportivo). Además, hace especial hincapié en el hecho de que los países que deseen establecer un sistema de Educación Superior exitoso deberán diversificar la financiación, y dar más importancia a fuentes de financiación privadas.

Las características de estos modelos de Educación Superior han sido estudiadas por gran número de autores, entre los que destacan Clark (1983), Lindblom (2005) y Brunner y Uribe (2007), del que se reproduce la tabla de la Figura 2.3 que resume los resultados de comparación entre ambos.

Como se desprende de dicha tabla, en un modelo de sistema educativo coordinado por el Estado, los gobiernos rigen el comportamiento de dicho sistema a través de la regulación, limitando así la autonomía de las universidades y controlándolas a través de los mecanismos de supervisión que se establezcan. Por el contrario, en un modelo de sistema educativo orientado al mercado, las normas las marca el comportamiento competitivo de sus integrantes y el gobierno únicamente atiende a un reducido conjunto de variables críticas (Van Vught, 1999).

Una posición intermedia es la que se denomina mercado administrado (Shattock, 2003) o cuasi-mercado (Glennerster, 1991; Benczes, 1998; Dill, 1997), caracterizada por el hecho de que las Universidades (públicas) deben competir por la financiación, de manera que el resultado es parecido al de un mercado en el que las empresas compiten por un conjunto de recursos limitados. Esta situación de cuasi-mercado está muy relacionada con la demanda de resultados sobre la actividad universitaria estudiada en el epígrafe 2.3.5 y con la evaluación de la financiación examinada en el epígrafe siguiente.

---

[1] http://www.utsystem.edu/osm/files/planning/Economist-TheBrainsBusiness-091005.pdf

Modelo estatal	Modelo de mercado
Relaciones de autoridad. Integración fuerte de los sistemas.	Relaciones de intercambio. Integración débil de los sistemas.
Contextos de "acoplamiento ajustado" en un continuo que va de fuerte a débil dependiendo de la conformación unitaria/federal del Estado.	Contextos de "opción social".
Coordinación produce soluciones planificadas.	Coordinación produce resultados no buscados de las interacciones.
Interacciones jerárquicas sujetas a un marco de políticas, normas, regulaciones y reglas aplicaciones por una burocracia.	Interacciones competitivas sujetas al funcionamiento de mercados con regulaciones en un continuo que va de fuertes a débiles.
La burocracia se expande incrementando los niveles de coordinación formal. La burocracia extiende el alcance jurisdiccional de las dependencias administrativas individuales y combinadas. El número de administradores encargados de los asuntos de Educación Superior tiende a crecer como resultado de los movimientos anteriores. La administración de la coordinación se especializa y profesionaliza.	Coordinación opera sin una superestructura burocrática. Las interacciones se ajustan a través de tres mercados principales: • Mercado de consumidores donde se intercambian bienes y servicios por dinero (tasas). Rigen las preferencias de los consumidores. • Mercado ocupacional de posiciones académicas y administrativas. Determina el grado de movilidad de los académicos. • Mercado institucional cuya moneda son las reputaciones de las universidades.

Figura 2.3. Modelos de Educación Superior (Brunner y Uribe, 2007)

2.1.5 Comercialización de servicios de información y conocimiento

Las políticas de soporte de cuasi-mercados y mercados comerciales en el ámbito de la Educación Superior se han expresado globalmente en las negociaciones de la Organización Mundial del Comercio (WTO, *World Trade Organisation*) dentro del acuerdo marco sobre la comercialización de servicios (GATS, *Global Agreement on Trade in Services*), que contempla la Educación como un servicio más susceptible de ser exportado globalmente.

El WTO/GATS, suscrito por 145 países, se firmó en 1995 y fue el primer intento de establecer un acuerdo global acerca del comercio de servicios con el objetivo principal de eliminar las barreras comerciales existentes hasta entonces, estableciendo los requisitos previos para la liberalización en alrededor de 12 sectores primarios, uno de los cuales es la educación (Knight, 2003). Como parte del programa de trabajo incoporado en el GATS de 1995, se obligó a que los miembros de la WTO revisaran las negociaciones en 2000 con el fin de conseguir una mayor liberalización del comercio de servicios. Entonces se acordó como plazo de finalización enero de 2005, si bien, en diciembre de ese mismo año, tras la Reunión Ministerial de la WTO en Hong Kong, los países miembros mostraron un ambicioso plan para dar por concluidas las negociaciones definitivamente antes de finalizar 2006.

Por otra parte, el concepto de Educación Superior transnacional o transfronteriza (en inglés, *cross-border*) fue definida en un documento conjunto elaborado por la OECD y la UNESCO (2005), en el que se definía como las situaciones en que "un docente, estudiante, institución/proveedor o material didáctico cruza las fronteras jurisdiccionales de una nación". De esta definición se deduce que la educación transnacional abarca un amplio espectro de modalidades, que van desde la formación presencial (como es el caso de los programas de intercambio) hasta los programas de *e-learning*.

Sin embargo, aunque los trabajos de Knight (2002, 2003), OECD (2000), Dryden (2001), Mallea (1998), Marginson (2003) y PSI/EI (2002), entre otros, coinciden en señalar que todavía es necesario un período de materialización en el que los términos del GATS se concreten en el sector de la educación, el principio que subyace a este acuerdo es el desplazamiento hacia una liberalización total de los servicios educativos.

En el artículo 1, párrafo 2 del GATS se reconoce una clasificación de los servicios educativos desde el punto de vista del comercio internacional. Así, en el GATS se distinguen cuatro categorías o modos de servicios (Dryden 2001; PSI/EI, 2002; Knight, 2003):

1. Modo 1: Suministro transfronterizo.

   Son los servicios suministrados por un proveedor de un país miembro a una entidad de otro país. Este modo es el más similar al comercio de mercancías convencional, en el que podría decirse que es el servicio el que "viaja", mientras que el proveedor y el consumidor permanecen cada uno en su respectivo país de origen (Brunnel y Uribe, 2007).

   En educación, dos ejemplos son las iniciativas de educación a distancia y de *e-learning* que actualmente las universidades virtuales están ofertando fuera de sus fronteras (Knight, 2003). Por otra parte, el potencial de crecimiento de esta línea de actuación está ligado al desarrollo de Internet y de las infraestructuras de telecomunicaciones que dan acceso a la misma (PSI/EI, 2002).

2. Modo 2: Consumo en el extranjero.

   Se produce cuando el consumidor viaja a otro país y consume allí algún servicio de un proveedor de dicha nación, es decir, define los servicios suministrados en el territorio de un país miembro a un consumidor de otro país miembro.

   Es lo que ocurre en los programas de intercambio (ERASMUS, SOCRATES, etc.) en los que el estudiante viaja a un país distinto del suyo para terminar o completar sus estudios allí.

3. Modo 3: Presencia comercial.

   Este modo se refiere a las situaciones en que se establece una sede comercial o de operaciones en el territorio de otro país miembro, de manera que un proveedor de un país miembro suministra servicios directamente en el territorio de otro país miembro.

   De acuerdo con la PSI/EI (2002), ésta es una de las tendencias más habituales en el sector de la Educación Superior, en donde resulta común que una universidad establezca un campus en un país extranjero, de manera que las titulaciones emitidas son válidas en el país de origen de la institución (Knight, 2003). Un ejemplo de este tipo de universidades en el campo del *e-learning* es la Open University del Reino Unido, que dispone de una oficina satélite en los Estados Unidos de América. También se incluyen dentro de este modo las franquicias y la adquisición o fusión con instituciones locales.

4. Modo 4: Movimiento de personas naturales.

En este caso, una persona de un país miembro se desplaza físicamente, y de manera temporal, al territorio de otro país miembro y suministra servicios allí. En educación, encontramos ejemplos en profesores e investigadores visitantes que trabajan en el exterior temporalmente o en los proyectos de consultoría realizados durante estancias en el extranjero (Knight, 2003).

El GATS es un acuerdo global que abarca todas las medidas públicas que afecten al comercio de servicios. Estas medidas son jurídicamente ejecutorias y pueden ser respaldadas por sanciones comerciales avaladas por la WTO. En este sentido, se distinguen tres grandes grupos de obligaciones:

1. Obligaciones generales.

El WTO/GATS establece un conjunto de obligaciones generales que se aplican, por defecto, a todos los servicios, salvo que estos se excluyan explícitamente. El principio que rige estas obligaciones generales es el de la nación más favorecida, según el cual, el trato dado a proveedores de un país miembro en otro país miembro debe ser, al menos, igual de favorable que el dado a la nación más favorecida (artículo 2).

La única excepción a las obligaciones generales son los servicios públicos. Sin embargo, estos servicios tienen un alcance muy restringido ya que, si un servicio público se suministra en condiciones comerciales o existe algún otro proveedor además del Estado, dicho servicio estará sujeto al GATS.

2. Obligaciones específicas.

Es posible negociar acuerdos específicos en determinados sectores que estarán sujetos a dos obligaciones principales:

–   Acceso a mercados (artículo XVI): evita que los países miembros mantengan o adopten medidas que limiten la entrada de proveedores extranjeros en el mercado interior, a través de la prohibición de cualquier medida que imponga restricciones cuantitativas sobre los servicios, limite la participación del capital extranjero y restrinja los tipos de entidad legal de un proveedor de servicios en un sector específico.

–   Trato nacional (artículo XVII): queda prohibido dar a los proveedores nacionales un trato más favorable que a los proveedores de otro país miembro en los sectores que figuren en la lista de compromisos específicos.

3. Reglamentación nacional.

El GATS insta a los Gobiernos de los países miembros que revisen sus leyes nacionales con el fin de eliminar los obstáculos al libre comercio de servicios.

Centrándonos en la educación, el GATS distingue cinco subsectores: primaria, secundaria, superior y educación de adultos y formación continua. En las negociaciones del GATS, los países miembros pueden contraer compromisos independientes en cada uno de estos subsectores. Actualmente, la educación es uno de los servicios con menos compromisos en el GATS, aunque está aumentando la presión para que esta situación cambie (Internacional de la Educación, 2006), fruto de la influencia de países como Estados Unidos, Australia, Nueva Zelanda y Japón, sobre todo en el ámbito de la Educación Superior.

En general, las respuestas al propósito liberalizador de la WTO/GATS van desde la simple preocupación por la vulnerabilidad de los sistemas educativos en los países en vías de desarrollo, hasta los efectos de la competencia extranjera en los sistemas establecidos, pasando por la oposición al proceso globalizador. Por ejemplo, la respuesta de las universidades a esta posibilidad ha sido, cuando menos, cautelosa (Brunner y Uribe, 2007), como se deduce de la declaración conjunta realizada por la AUCC (Association of Universities and Colleges of Canada), el ACE (American Council on Education), la EUA (European Universities Association) y el CHEA (Council for Higher Education Accreditation) en septiembre de 2001[2], en donde afirman el carácter de servicio público de la Educación Superior y su oposición a tratarla como una mercancía más (Singh, 2001; Taskforce, 2000) y, aunque apoyan la eliminación de las barreras para el comercio internacional de servicios educativos, estiman que ésta debería hacerse a través de acuerdos elaborados al margen del régimen comercial.

A la hora de cuantificar, desde el punto de vista económico, la importancia y evolución del mercado de la educación superior como tal, Dryden (2001) señala que la información acerca del nivel y la magnitud del comercio de servicios educativos es escasa y difícil de evaluar, observación confirmada por otros autores como Mallea (1998) y Knight (2003). En efecto, existe muy poca información acerca de la comercialización de servicios educativos de los modos 1, 3 y 4, si bien, hay indicios que señalan que los modos 1 y 3 se encuentran en una fase de crecimiento rápido (Dean, 2004). En cualquier caso, un indicador del incremento de la demanda de internacionalización en el sector de la Educación Superior en los últimos años, son las cifras relativas al flujo de estudiantes que viajan a completar

---

[2] *Disponible en: http://www.aucc.ca/_pdf/english/statements/2001/gats_10_25_e.pdf*

sus estudios a otros países (Dryden, 2001). Sin embargo, esta estimación está perdiendo exactitud con el auge de otras formas servicios educativos cuyo registro resulta mucho más difícil, como es el caso del *e-learning* o el *e-training* (formación continua *on-line*). De hecho, según Dryden (2001) se estima que la tasa de penetración del *e-learning* aumentará más rápidamente que el número de estudiantes que viajan el extranjero.

2.2 ESTRATEGIAS DE UTILIZACIÓN DEL *E-LEARNING*

A partir de la graduación de la intensidad de uso del *e-learning* en la actividad de enseñanza, es posible establecer una clasificación de las organizaciones educativas en cuatro grupos diferenciados (ver Figura 2.4):

–   Instituciones de *e-learning*.

El primer grupo de universidades recibe el nombre de Instituciones de *e-learning* y está formado por instituciones caracterizadas por el uso principal de *e-learning* para la realización de su actividad docente y que en la actualidad se concretan en instituciones abiertas y a distancia de nueva creación, y en instituciones a distancia tradicionales que han adaptado su modelo educativo para el desarrollo de esta actividad. Como ejemplos podemos citar Universitat Oberta de Catalunya (UOC) o la Universidad Nacional de Educación a Distancia (UNED) en España. A nivel internacional, citaremos la Athabasca University de Canadá o la Open University del Reino Unido.

–   Instituciones duales.

Son instituciones en las que la actividad formativa presencial y virtual conviven de manera integrada. Este el caso, por ejemplo, la Penn State University, la University of Illinois, o del University of Maryland University College (UMUC) de los Estados Unidos.

–   Instituciones con uso complementario del *e-learning*.

Es el caso de las instituciones presenciales con un modelo educativo tradicional pero que han adoptado el uso de sistemas de *e-learning* como una vía de soporte su metodología presencial o para canalizar una parte de su oferta formativa. En este nivel se integran la mayoría de universidades presenciales europeas.

– Instituciones tradicionales.

Un cuarto grupo, que integra las universidades a distancia y las universidades presenciales con modelos de enseñanza y aprendizaje tradicionales y, por tanto, con un empleo residual de las TIC en la formación.

Tipo de Universidad	Descripción
Universidades de *e-learning*	Empleo de los sistemas de *e-learning* como elemento principal de la docencia.
Universidades duales	Modelo de formación a distancia flexible y basado en TIC y modelos presenciales con integración de sistemas de *e-learning*.
Universidades con un uso complementario del *e-learning*	Modelos a distancia tradicionales pero flexibles y modelos presenciales con un uso del *e-learning* como soporte a la metodología tradicional.
Universidades tradicionales	Modelos a distancia y presenciales que presentan un uso residual de las TIC.

Figura 2.4. Clasificación de las instituciones educativas en función de su empleo del e-learning

2.3 MODELOS ORGANIZATIVOS EN INSTITUCIONES VIRTUALES

En la actualidad, son numerosos los autores que coinciden en afirmar que las TIC están produciendo unas transformaciones de gran magnitud sobre la actividad docente universitaria y sobre la organización de la actividad académica. Una de las principales manifestaciones de estos cambios, generalizados en los países desarrollados a partir de mediados de la década de 1990, en el sector de la universidad ha sido la aparición de una institución universitaria de nuevo tipo que basa su modelo académico y organizativo en el uso intensivo de las TIC. Este conjunto de universidades se han designado en la literatura internacional habitualmente con el término universidad virtual (también *e-university*).

Por universidad virtual entenderemos aquellas universidades que llevan a término su actividad de formación fundamentalmente a través de sistemas *e-learning*. El empleo principal del *e-learning* como una variable definidora de este tipo de universidades determina que se trate de instituciones basadas en una metodología de enseñanza y aprendizaje a distancia. Bajo este concepto se integran diferentes tipos de universidades, atendiendo a otros criterios: titularidad pública o privada, enseñanza generalista o especializado, entre otros.

Así, lo que caracteriza a las universidades virtuales es la dependencia de las TIC para el desarrollo de su actividad docente. Es decir, a diferencia de las universidades presenciales y de las universidades a distancia tradicionales, las universidades virtuales no pueden llevar a la práctica la formación sin la integración y empleo de las TIC.

A pesar de tratarse de un tipo de institución muy reciente, existen ya algunos trabajos que tratan de catalogar los diferentes modelos organizativos que se derivan de la praxis de estas universidades. Así, a partir de las aportaciones de Farrell (1999) y de Sangrà (2001) se pueden establecer cuatro modelos organizativos diferenciados de universidades virtuales:

1   Universidades virtuales como organizaciones virtuales.

Son universidades creadas específicamente para realizar una actividad de *e-learning*, algunas de las cuales parten de modelos de universidades abiertas y a distancia. Se caracterizan por disponer de un modelo organizativo y pedagógico particular y diferenciado del resto de universidades presenciales y a distancia. Dentro de esta categoría se incluyen, entre otras, la Universitat Oberta de Catalunya, Jones Internacional University, la Athabasca University, la Capella University (EEUU), la Irish Internacional University (Irlanda), la Open University (Reino Unido) o el instituto de Tecnología de Buenos Aires (ITBA).

2   Universidad presencial con extensión universitaria virtual.

Se trata de un modelo muy extendido en las universidades y que consiste en incorporar formación virtual en cursos de posgrado y extensión universitaria en instituciones educativas cuya oferta de formación reglada es eminentemente presencial. Este es el caso del CEPADE, de la Universidad Politécnica Madrid.

El caso de La Salle es también aquí significativo, con sus máster exclusivamente *on-line*. Lo mismo están haciendo las universidades de Stanford y Harvard con sus MBA. La Stanford Graduate School of Business y la Harvard Business School han unido esfuerzos para poder ofrecer virtualmente sus master a los alumnos.

3   Universidad virtual adosada a la universidad tradicional.

Se trata de universidades virtuales creadas por universidades tradicionales en su mismo entorno a través de espacios virtuales gestionados de forma independiente pero compartiendo los elementos básicos de la universidad tradicional (oferta formativa, normativa académica, servicios de biblioteca, etc.). Se desarrollan y proporcionan materiales impresos y electrónicos, tanto para estudiantes virtuales como para los presenciales. El modo dual es muy popular en varias universidades, en especial en Australia, Reino Unido, Canadá y Estados Unidos, donde un alto número de universidades dicta al menos un programa de estudios a distancia.

En este grupo se integran, por ejemplo, la Universidad Virtual del TEC de Monterrey, la Universidad Virtual de Quilmes o Phoenix *On-line* University.

4   Universidades virtuales como espacios virtuales interuniversitarios.

Se trata de una universidad virtual creada a través de un consorcio de diversas universidades tradicionales y se materializa en la disponibilidad de un espacio virtual común en el que converge la oferta de los diferentes planes de estudio. Este espacio se gestiona de forma compartida pero autónoma en las universidades participantes en el consorcio.

En algunos otros casos, existe una entidad central, como la Université Virtuelle en Pays de Loire, Francia (UVPL), en la que el portal y las plataformas están mantenidos por el equipo técnico de la UVPL.

La Figura 2.5 muestra algunos ejemplos en el ámbito español. El Grupo9 Universidades realiza una oferta conjunta de asignaturas impartidas a través de medios telemáticos. Este Grupo lo conforman las universidades de Islas Baleares, Zaragoza, La Rioja, Navarra, País Vasco, Cantabria, Oviedo, Extremadura y Castilla-La Mancha. Otros ejemplos son el proyecto ADA-Madrid o Intercampus de las universidades públicas catalanas.

Grupo G9	Cantabria, Castilla-La Mancha, Illes Balears, La Rioja, Oviedo, País Vasco, Pública de Navarra y Zaragoza
ADA Madrid	Alcalá, Autónoma de Madrid, Carlos III, Complutense, Politécnica de Madrid, Rey Juan Carlos
Intercampus	Autónoma de Barcelona, Barcelona, Girona, Lleida, Oberta de Cataluña, Politénica de Cataluña, Pompeu Fabra y Rovira i Virigili
IUP	Carlos III, Autónoma de Barcelona y Alicante en colaboración con Santillana Formación
Universia	745 Universidades en colaboración con el BSCH.

Figura 2.5. Campus virtuales compartidos en España

Tschang y Della Senta (2001) identifican un modelo de asociación basado en acuerdos y articulaciones entre universidades existentes, que pueden estar en el mismo país o en diversos países. Es el caso de la UK Open University, que ofrece en franquicia sus cursos a instituciones "asociadas", localizadas en su mayor parte en países en desarrollo, o en Singapur y Hong Kong. Otro ejemplo es la Virtual University for Europe o EuroPACE, en la que participan 45 universidades, junto con empresas, gobiernos y redes internacionales. Se trata de una asociación internacional sin fines de lucro, con un objetivo académico específico: es una red de universidades europeas y de sus socios en educación y formación.

Otros autores (Dean, 2004; Standing Stones, 2000, Tschang y Della Senta, 2001; Finquelievich y Prince, 2006) incluyen también el modelo de intermediación (*Brokerage*) en el que la o las universidades se asocian con una empresa que proporciona cursos utilizando los recursos de enseñanza de instituciones existentes. Como ejemplo, la Open Learning Australia (OLA), actualmente llamada Open Universities Australia. Esta organización pertenece a una asociación de siete universidades australianas; sus cursos son desarrollados por 18 "proveedores académicos". Las unidades que un alumno estudia, y las calificaciones que recibe son emitidas por estas universidades y otras organizaciones, y son idénticas a las que reciben los estudiantes que asisten a los campus presenciales.

Tampoco hay que despreciar la competencia, cada vez mayor, de las Universidades Corporativas. Fueron empresas como IBM, McDonald y Motorola las que introdujeron este tipo de docencia. En Estados Unidos está previsto que se incrementen gradualmente desde aproximadamente 2.000, a principios del siglo XXI, hasta 3.700 a finales de la primera década del siglo. Aunque su número es menor en Europa (100), también presentan una clara tendencia de crecimiento (Serrano, 2002). Un ejemplo en España, es la Universidad Corporativa de Unión Fenosa.

2.4 ANÁLISIS DEL SECTOR

El objetivo del análisis del sector es relacionar a la organización con su entorno competitivo, determinar la estructura del sector y las razones de que sea así. Para ello, tradicionalmente se sigue el enfoque propuesto por Porter (1980) al que se ha añadido una fuerza competitiva más, habida cuenta de que Europa en general y España en particular se rige por un modelo de sistema educativo regulado: el poder negociador del Gobierno (ver Figura 2.6).

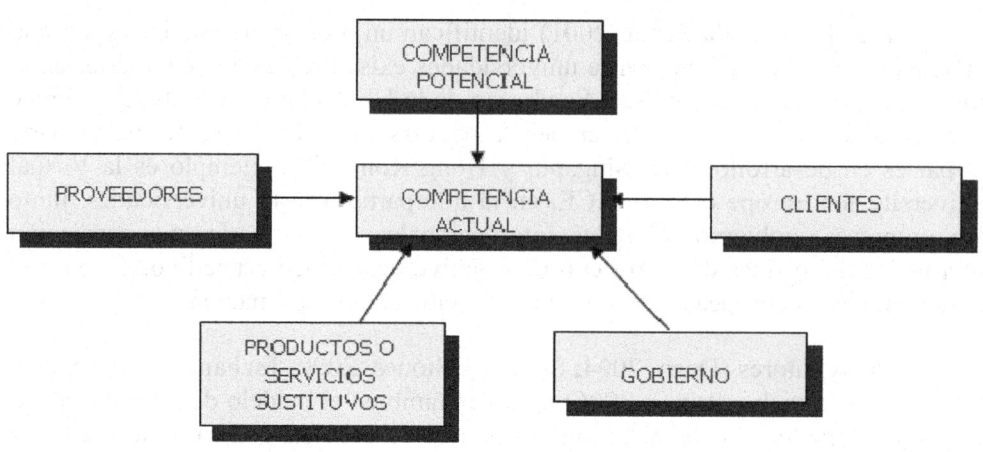

Figura 2.6. Modelo de fuerzas competitivas en el sector del e-learning

El análisis estratégico del sector debe realizarse desde la perspectiva de cada organización, por lo que resulta casi imposible recoger aquí unos resultados válidos en todos los casos. Por este motivo, en lo que resta de capítulo se supondrá que el campus virtual se desea poner en marcha en una institución de Educación Superior. No obstante, conviene insistir en que los resultados no son completamente extrapolables a otros casos, si bien la metodología empleada sí lo es.

2.4.1 Competencia actual

Los competidores actuales en el sector de la Educación Superior *on-line* son los mismos que en el caso del formato presencial tradicional. Con el fin de agruparlos de alguna manera que facilite estudios más profundos y con mayor nivel de granularidad, se propone seguir una clasificación en función de un doble criterio: la intensidad de utilización del *e-learning* en la metodología docente (ver Figura 2.7) y el modelo organizativo (ver Figura 2.8).

Tipo de universidad	Descripción
Universidades de *e-learning*	Empleo de los sistemas de *e-learning* como elemento principal de la docencia.
Universidades duales	Modelo de formación a distancia flexible y basado en TIC y modelos presenciales con integración de sistemas de *e-learning*.

Universidades con un uso complementario del *e-learning*	Modelos a distancia tradicionales pero flexibles y modelos presenciales con un uso del *e-learning* como soporte a la metodología tradicional.
Universidades tradicionales	Modelos a distancia y presenciales que presentan un uso residual de las TIC.

Figura 2.7. Clasificación de las universidades en función de su empleo del e-learning

Modelo organizativo	Descripción
Universidades virtuales como organizaciones virtuales	Son universidades creadas específicamente para realizar una actividad de *e-learning*; algunas de las cuales parten de modelos de universidades abiertas y a distancia. Se caracterizan por disponer de un modelo organizativo y pedagógico particular y diferenciado del resto de universidades presenciales y a distancia.
Universidad presencial con extensión universitaria virtual	Se trata de un modelo muy extendido en las universidades y que consiste en incorporar formación virtual en cursos de posgrado y extensión universitaria en instituciones educativas cuya oferta de formación reglada es eminentemente presencial.
Universidad virtual adosada a la universidad tradicional	Se trata de universidades virtuales creadas por universidades tradicionales en su mismo entorno a través de espacios virtuales gestionados de forma independiente pero compartiendo los elementos básicos de la universidad tradicional (oferta formativa, normativa académica, servicios de biblioteca, etc.).
Universidades virtuales como espacios virtuales interuniversitarios	Se trata una universidad virtual creada a través de un consorcio de diversas universidades tradicionales y se materializa en la disponibilidad de un espacio virtual común en el que converge la oferta de los diferentes planes de estudio. Este espacio se gestiona de forma compartida pero autónoma en la universidades participantes en el consorcio.
Modelo de intermediación	La o las universidades se asocian con una empresa que proporciona cursos utilizando los recursos de enseñanza de instituciones existentes.
Universidad Corporativa	Unidad de negocios de una empresa que se encarga de gestionar los planes de formación de los empleados de la misma.

Figura 2.8. Modelos organizativos de universidades virtuales

Uno de los aspectos que influyen en la competencia actual son las barreras de salida, bajo cuya denominación se agrupan todos aquellos aspectos que obligan a seguir compitiendo en el sector. En el caso del *e-learning* y la Educación Superior, se han identificado las siguientes barreras de salida:

–   Dificultades de desinversión: activos altamente especializados y que tienen poco valor liquidativo, como es el caso de la plataforma de *e-learning* o laboratorios de generación de contenidos.

–   Personal fijo: puede llegar a ser una barrera importante.

–   Cancelación de contratos con clientes: barrera importante si se imparten cursos largos. Por otro lado, dado el papel social de la universidad es posible que la institución se vea obligada a mantener titulaciones poco rentables.

2.4.2 Competencia potencial

Los competidores potenciales son, básicamente, los mismos que los actuales, a los que habría que añadir las Universidades Corporativas y los consorcios educativos. La competencia potencial, entre otros aspectos, viene determinada por las barreras de entrada, que pueden definirse como el conjunto de factores de tipo económico, social e institucional que constituyen un freno o impedimento para el ingreso de nuevas empresas en el sector. Se han identificado las siguientes:

1.   Imagen de marca.

2.   Acceso privilegiado a materias primas, interpretando como tales a los docentes: resulta un factor clave que la universidad resulte atractiva a los mejores profesores para que éstos, a su vez, atraigan a los alumnos.

3.   Economías de escala.

4.   Necesidades de capital.

Los elevados costes iniciales en teoría se compensan por unos menores costes de personal y porque el alto gasto de desarrollo de un curso se amortiza en las sucesivas repeticiones del mismo. Este modelo impide la entrada de organizaciones que no dispongan de importantes presupuestos en generación de contenidos y de una cuota de mercado (número de matrículas) suficientemente grande para poder amortizar la inversión inicial.

Estos conceptos se ven con amplitud en el capítulo 9.

2.4.3 Productos o servicios sustitutivos

Cabe hacer notar que la formación *on-line* puede también ser observada como un complemento de la formación presencial ya adquirida por un estudiante que desea complementar sus estudios o perfeccionarse.

En comparación con la formación presencial, la actitud del cliente hacia la formación *on-line* es menos favorable, debido a un problema de cultura (a veces, subestimada) y disciplina que ha significado que exista una mayor lealtad hacia los servicios tradicionales de las universidades e institutos, pero sólo en la medida en que éstos tengan un respaldo en cuanto a experiencia y a logros concretos en materia de educación.

Desde una perspectiva de sustitutos, la realidad es que no es la formación presencial el sustituto de su homóloga *on-line*, sino por el contrario, es la formación *on-line* la que se ha requerido como un muy buen sustituto de la formación presencial y lo será cada vez más en la medida que mejore la tecnología que soporta al *e-learning* así como el grado de alfabetización tecnológica de la población.

2.4.4 Negociación con los agentes frontera

Llamaremos agente frontera a cualquier actor con cierta capacidad de influencia sobre el sector. El poder negociador de las universidades con los distintos agentes frontera que participan en su entorno (proveedores, clientes y Gobierno) difiere en función del actor.

En primer lugar, el poder negociador de los proveedores educativos es reducido puesto que las universidades tienen capacidad para abarcar casi todo el sistema de valor completo. En este contexto, sin embargo, los profesores pueden ser considerados como proveedores con un poder negociador que depende de los siguientes factores:

–   Importancia estratégica del producto: adquiere importancia en cuanto el curso quiere tener cierto nivel o se pretende una diferenciación, ya que se precisa un material didáctico y profesorado cualificado en materias específicas difícilmente sustituibles.

–   Concentración: suelen estar agrupados o relacionados con diversos tipos de asociaciones o entidades.

–   Amenaza de integración hacia delante: existe la amenaza en el caso de que pertenezcan a asociaciones. Tienen como barrera la imagen de marca y la necesidad de capital.

– Peso de su coste en el producto: muy importante.

En lo que respecta a los clientes (alumnos), su poder negociador en formación reglada es escaso, como también lo es el de la universidad al estar aquella regulada por el Estado. Sin embargo, en la formación no reglada, los estudiantes pueden presionar para que la universidad baje los precios, bajo la amenaza de irse a la competencia o adquirir un producto o servicio sustitutivo.

Finalmente, el papel del Gobierno es grande puesto que tiene capacidad de influir directamente en el comportamiento del sector, favorecer la competencia por la financiación pública y disciplinar el mercado a través de la regulación.

Capítulo 3

CONSTRUCCIÓN DEL MODELO DE NEGOCIO

Cuando cualquier organización se plantea competir en un determinado sector de actividad, el paso previo consiste en definir claramente el producto o servicio.

Una vez definido el negocio, el paso siguiente será determinar cómo desarrollar una estrategia en el sector en el que se compite y en el que se luchará con otras organizaciones cuya definición del negocio es similar. La diferencia entre el éxito y el fracaso estará, pues, no en la definición del negocio, sino en su implementación o modelo de negocio, concepto éste que adquiere una vital importancia.

El objetivo último de la construcción del modelo de negocio es evaluar la probabilidad de que una idea estratégicamente relevante para la organización sea, efectivamente, viable antes de la asignación de recursos para la materialización de la misma.

El modelo de negocio unifica decisiones importantes en el ámbito empresarial desde los puntos de vista económico, operacional y estratégico. Constituye una unidad de análisis muy útil que facilita el desarrollo teórico de la puesta en marcha de una idea empresarial. La definición de un buen modelo de negocio es una tarea compleja que, sin embargo, puede esquematizarse en los siguientes procesos:

1. Analizar estratégicamente el sector con el fin de detectar oportunidades y amenazas, comprender el comportamiento del mismo y descubrir la estructura del sector así como las razones que hacen que éste sea así.

2. Articular la proposición de valor, esto es, el valor creado para los usuarios por el producto (bien y/o servicio) ofrecido haciendo uso de una determinada tecnología.

3. Identificar un segmento del mercado tal que para los usuarios que lo forman, el empleo de dicha tecnología sea útil y la empresa obtenga ingresos por el ofrecimiento de la misma.

4. Definir la estructura de la cadena de valor que la organización necesita para crear y distribuir su producto y determinar los activos complementarios necesarios para apoyar la posición de la empresa.

5. Estimar la estructura de costes y los beneficios potenciales para ofrecer su producto, teniendo en cuenta la proposición de valor y la estructura de la cadena de valor elegida.

6. Describir la posición de la empresa dentro del sistema de valor, relacionando proveedores y clientes.

7. Formular la estrategia competitiva a través de la cual la empresa será más competitiva y obtendrá una ventaja sostenible.

3.1 SEGMENTACIÓN

La segmentación del mercado consiste en la definición de grupos de usuarios con necesidades razonablemente homogéneas, de tal forma que los clientes (alumnos) de un mismo segmento del mercado en cuestión presentan necesidades que pueden ser satisfechas por el mismo producto o servicio.

Los criterios de segmentación dependen enormemente de las características del estudio que se desee llevar a cabo.

Un posible criterio de segmentación es el basado tanto en el tipo de formación como en los rangos de edad del mercado objetivo.

En cuanto al tipo de formación, con el fin de que la clasificación escogida resulte válida tanto para la situación actual como para la marcada por las directrices del Espacio Europeo de la Educación Superior, se han considerado tres grandes segmentos:

– Formación de grado: estudiantes cuyo objetivo es obtener una licenciatura o diplomatura universitarias.

– Formación de postgrado: estudiantes, con una titulación de grado, que desean alcanzar el máximo grado académico profundizando sus estudios en alguna disciplina concreta.

– Formación continua: orientada a la adquisición de conocimientos, habilidades y competencias con el fin de adaptarse y posicionarse en el mercado laboral.

En general, puede observarse un predominio de la formación de grado frente a las otras dos en la mayor parte de los países europeos. Esta hegemonía de la formación de grado también se mantiene al comparar la formación virtual y la formación presencial.

Teniendo en cuenta los datos anteriores, y en una primera aproximación, podría parecer que las universidades tradicionales y las universidades virtuales compiten por el mismo mercado: la formación de grado. Por ello, es necesario analizar la situación también desde otra perspectiva que pueda arrojar mayor información sobre los segmentos del mercado.

Si nos centramos en el caso de la formación de grado y estudiamos el segmento por tramos de edad, vemos que en el caso de las universidades tradicionales, la mayor parte de los estudiantes se encuentra comprendida entre los 18 y los 24 años de edad. Este hecho contrasta con el hecho de que las Universidades Virtuales se centran más en la población de entre 25 y 40 años para el mismo tipo de formación.

Respecto al crecimiento del sector, aunque no han podido encontrarse datos que demuestren explícitamente, la evolución cuantitativa del *e-learning* en la Educación Superior, sí que se dispone de información suficiente para asegurar que se encuentra en la etapa de crecimiento de su ciclo de vida. Los indicios que justifican esta información son los siguientes:

– Aumento de la demanda universitaria debido, fundamentalmente, al incremento de la formación continua y la formación de personas adultas.

– Aumento de la penetración de Internet en la sociedad.

– Aumento de las iniciativas de internacionalización y regionalización de la Educación Superior.

– El número de universidades que disponen de un campus virtual ha incrementando en los últimos años.

3.2 CADENA DE VALOR

El estudio detallado de la cadena de valor para cada institución y la optimización de las actividades que la constituyen, permite a dicha institución identificar las potenciales fuentes de ventaja competitiva. La cadena de valor de *e-learning*, a grandes rasgos, es la que se muestra en la Figura 3.1:

	Infraestructura organizacional	Gestión de RRHH	Desarrollo tecnológico	Compras
Actividades secundarias	• Financiación basada en web • Difusión electrónico de información	• Autoservicio del personal y beneficios administrativos • Formación basada en web • Compartición y difusión de información a través de la web • Informes electrónicos	• Diseño colaborativo de programas formativos • Directorios de conocimiento accesibles a toda la organización	• Planificación de la demanda • Integración con los sistemas de los proveedores • Automatización de sistemas de pago y cobro • Compras directas e indirectas a través de *marketplaces* y tiendas *on-line*.

	Logística de entrada	Operaciones	Logística de salida	Marketing y ventas	Servicio
	• *Hardware específico para educación* • LMS • LCMS • Gestión del conocimiento • **Referencias en tiempo real** • Difusión de inventarios en tiempo real • Contratación de profesores • Herramientas de autor	• Diseño instruccional • Diseño de los contenidos • *Intercambio de información, planificación, generación de contenidos interna y publicación*	• **Ejecución de órdenes de compra en tiempo real** • Registro *on-line* • Portal integrado • Empaquetado y almanaje de cursos • *Acceso web a los cursos* • **Control de procesos integrado** • Gestión automática de los contratos con los alumnos • Disponibilidad de información en tiempo real	• Aprendizaje en vivo • Clase virtual • Entrega de cursos • Audio/video sobre IP • *Acceso en tiempo real a la información* • Seguimiento de los alumnos en tiempo real • Imagen de marca • Alianzas estratégicas • Comunidades compartidas	• *Soporte on-line a los alumnos* • Evaluaciones • Soporte técnico • Autoservicio de los alumnos a través de la web y procesamiento inteligente de peticiones • Localización y globalización • Tutorías • Orientación • Premios académicos

Actividades Primarias

Valor añadido

Figura 3.1. Cadena de valor del e-learning

Teniendo esto en cuenta y a la hora de adaptar la cadena de valor de una universidad genérica para incorporar, a nivel institucional, el *e-learning* como herramienta competitiva, nos parece necesario formular las siguientes propuestas en cada una de las grandes áreas de la cadena de valor:

1) Investigación.

Consideramos necesario potenciar las siguientes líneas de investigación:

a) Accesibilidad y usabilidad en plataformas de *e-learning* y su aplicación a los campus virtuales de universidades y organizaciones.

b) Integración de nuevas tecnologías en plataformas de *e-learning*.

c) Desarrollo de estándares de calidad y metodología de análisis e implantación.

d) Evaluación de plataformas y contenidos.

e) Influencia del *e-learning* en la estrategia competitiva de las universidades.

f) Aspectos legales de las TIC y del *e-learning*.

g) Personalización de la interacción y del uso de las plataformas y desarrollo de mecanismos de seguimiento del alumno.

2) Docencia.

a) Considerar las competencias TIC en el desarrollo profesional del PAS y del PDI.

b) Desarrollar sistemas de evaluación y potenciación de la calidad del *e-learning*.

c) Adoptar estándares que favorezcan la reutilización de los contenidos de repositorios, tanto propios como ajenos.

d) Diseñar de un plan de incentivos adecuado.

3) Marketing y ventas.

a) Diseñar una estrategia de marketing adecuada al *e-learning*

b) Establecer una oferta atractiva y ágil.

c) Optimizar el posicionamiento en buscadores.

4) Diseño de materiales educativos.

a) Calidad de los contenidos.

b) Control de calidad en los contenidos.

c) Selección de profesorado que elabore los materiales.

d) Elección adecuada del *software* utilizado.

e) Creación de un grupo de revisores pedagógicos.

5) Servicios educativos.

   a) Adopción de la filosofía CRM al entorno universitario.

   b) Establecimiento de un servicio de atención al alumno.

   c) Acceso a los recursos de una biblioteca digital.

6) Gestión de la institución.

   a) Adoptar un sistema de gestión para poder incorporar el *e-learning* en la actividad universitaria.

   b) Mejorar la infraestructura TIC, sobre todo en seguridad y gestión basada en nuevas tecnologías que soporten aplicaciones como el pago *on-line*.

7) Gestión de recursos humanos.

   a) Formación específica del PAS y el PDI en *e-learning*

   b) Creación de nuevas figuras adecuadas al entorno *e-learning*

8) Gestión académica.

   a) Evolucionar hacia una ventanilla *on-line* única para el alumno.

   b) Incorporar los pagos *on-line* con el fin de abarcar todo el ciclo de producto.

9) Servicios de infraestructura de la universidad.

   a) Dotar a las infraestructuras de los medios suficientes para un servicio de alta calidad.

   b) Acercar el producto al usuario, sobre todo en el ámbito internacional.

   c) Dimensionar adecuadamente los servidores para el servicio que se oferte.

   d) Garantizar el servicio 365x24x7.

3.3 ESTRUCTURA DE COSTES

Aunque en el capítulo de gestión económica se tratará con más detalle este punto, aquí y en aras a facilitar su análisis, agruparemos los costes en tres grandes áreas: producción de materiales, realización de cursos y costes de gestión e infraestructura. Por otra parte, además de los costes propiamente dichos, es necesario incluir en el estudio una serie de factores que influyen en el comportamiento de los costes a lo largo del tiempo, entre los que destacan los siguientes:

–   Duración del programa: un curso más largo permite una mejor distribución de los costes fijos y, por tanto, implica un menor coste fijo unitario por estudiante.

–   Repetición: los programas o los componentes individuales de cada curso pueden ser fácilmente reproducidos sin incurrir en costes adicionales.

–   Duplicación: sin añadir costes de producción, los cursos y programas puede ser duplicados. Este elemento presenta esencialmente el mismo efecto que el manifestado en la duración del curso (mejor base de reparto de los costes fijos y menores costes unitarios por estudiante).

–   Número de estudiantes: el aumento en el número de estudiantes permite asumir un claro efecto de escala y, consecuentemente, reducir el coste unitario por estudiante. Adicionalmente, y dado el valor relativamente reducido de los costes variables, un número de estudiantes adicional provocará un incremento muy reducido de los costes totales, potenciando la reducción de los costes totales medios.

–   Punto de equilibrio: es el número de matrículas a partir del cual el programa de formación *on-line* resulta rentable (ver Figura 3.2).

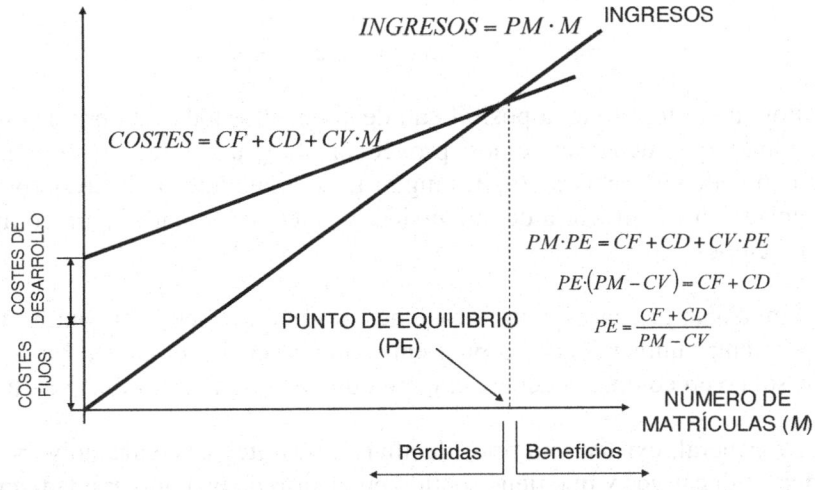

Figura 3.2. Análisis gráfico del punto de equilibrio

3.4 SISTEMA DE VALOR

La cadena de valor también puede aplicarse para realzar las relaciones entre la organización y sus proveedores y entonces recibe el nombre de sistema de valor, que para el caso del *e-learning* puede verse en la Figura 3.3. Tanto la cadena de valor (a nivel interno) como el sistema de valor (a nivel externo) tienen como propósito inicial analizar las operaciones de la corporación para poder incrementar la eficiencia, efectividad y competitividad.

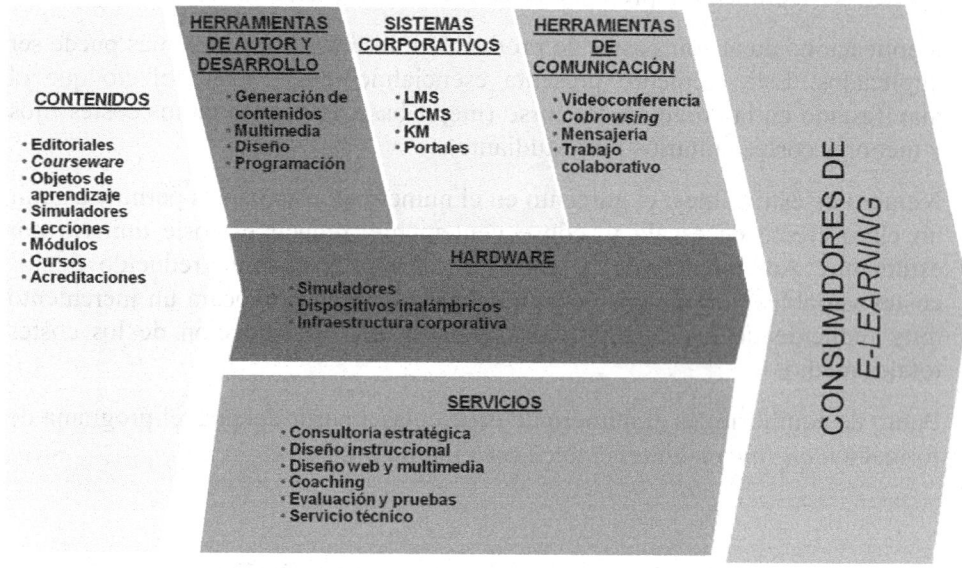

Figura 3.3. Sistema de valor del e-learning

Por supuesto, existe la posibilidad de concentrar toda esta provisión en una única entidad que denominaremos proveedor integral. Esto, en principio, les permite competir en el mercado sin ningún tipo de atadura o acuerdo con alguna otra organización. La mayoría de universidades están capacitadas para competir en estas condiciones.

Sin embargo, en algunas ocasiones resulta frecuente encontrar alianzas estratégicas entre universidades o bien entre universidad y empresa. La opción de competir sola o en compañía dependerá, en todo caso, de la estrategia institucional.

En general, existen tres tipos de alianzas estratégicas entre universidades y proveedores educativos y que tiene sentido en el caso de una universidad genérica:

– Intermediario.

La intermediación se basa en que una entidad pone en contacto a otra con el cliente final. Una posibilidad bastante común es la de un intermediario que vende los cursos de una o varias universidades aprovechando el prestigio y la imagen de marca de éstas. Generalmente, la empresa se dedica a los aspectos más relacionados con el marketing y las instituciones educativas se encargan del resto. Este modelo de negocio concede una gran importancia al intermediario y eso conlleva un elevado riesgo para las instituciones educativas que por una mala gestión del intermediario podrían ver comprometido su prestigio.

Un ejemplo de proveedor educativo que sigue este modelo es la OLA (Open Learning Australia), actualmente llamada Open Universities Australia (http://www.open.edu.au). Esta empresa se creó a finales de 1992 y actúa como intermediario en el sector de la Educación Superior australiana. Esta empresa es una asociación de siete universidades australianas y, desde que se fundara en 1993, ha acumulado alrededor de 100.000 matrículas. Los certificados que emite esta organización tienen la misma validez que los que obtienen los estudiantes que acuden a las universidades que forman parte de la asociación.

– Alianzas para ofrecer certificados profesionales.

Existen empresas que emiten los llamados certificados profesionales, entre las que se encuentran Cisco, Microsoft, Novell, Oracle o el PMI (*Project Management Institute*). Una posibilidad para aumentar el valor de la oferta del proveedor y de la institución es integrar estos certificados profesionales en la oferta de títulos propios de la universidad.

– Alianzas para formación continua.

Recientemente, se están fomentando los acuerdos con empresas para la formación continua de trabajadores.

3.5 ESTRATEGIAS COMPETITIVAS

Una vez que se ha definido el negocio y analizado la información recogida en los apartados anteriores, el paso siguiente será establecer con qué estrategia se competirá en el sector. Porter identificó dos estrategias competitivas genéricas: el liderazgo en costes y la diferenciación. Otra opción es la estrategia de nicho, que introduce en las dos opciones anteriores el concepto de ámbito de la estrategia para medir el alcance de la misma, de tal forma que la estrategia de nicho consiste en centrarse en un segmento del mercado, producto o servicio muy concreto y en el que se dispone de algún tipo de ventaja competitiva derivada de un liderazgo en costes o de una diferenciación derivadas, por ejemplo, del dominio de una cierta tecnología.

3.5.1 Liderazgo en costes

El liderazgo en costes, genéricamente, consiste en conseguir unos costes de producción más bajos que los competidores en un producto o servicio indiferenciado. En el *e-learning*, algunas estrategias útiles son la limitación de la oferta de cursos a sectores muy específicos, la reducción de la complejidad de los procesos de diseño y producción de material formativo o la disminución del servicio de atención a los estudiantes. Todo ello, complementado un estricto control de costes.

Como hemos dicho, uno de los puntos clave para conseguir el liderazgo en costes es la optimización del proceso de generación de contenidos. Una manera de conseguirlo es la creación de grandes repositorios de objetos de aprendizaje que permitan, por otra parte, aprovecharse de los efectos de las economías de escala en la producción de cursos. Un repositorio de contenidos es un gran almacén de objetos de aprendizaje, es decir, de elementos modulares en los que se empaquetan los contenidos y que permiten la construcción de lecciones, cursos y, en general, cualquier tipo de elemento formativo, a partir del ensamblado "bajo demanda" de dichos objetos de aprendizaje (ver Figura 3.4):

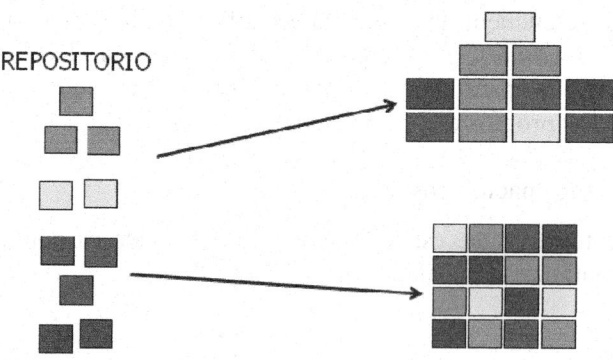

Figura 3.4. Construcción de cursos a partir de un repositorio digital

El impacto de un repositorio digital en la estrategia de liderazgo en costes puede verse fácilmente si consideramos el análisis del punto de equilibrio. Como muestra la Figura 3.5, un repositorio digital se podría traducir en la reducción de los costes fijos asociados a la generación de contenidos, habida cuenta de la posibilidad de la reutilización de los mismos, y, por tanto, en un desplazamiento del punto de equilibrio hacia la izquierda, con la consiguiente maximización de la zona de beneficios que ello supone.

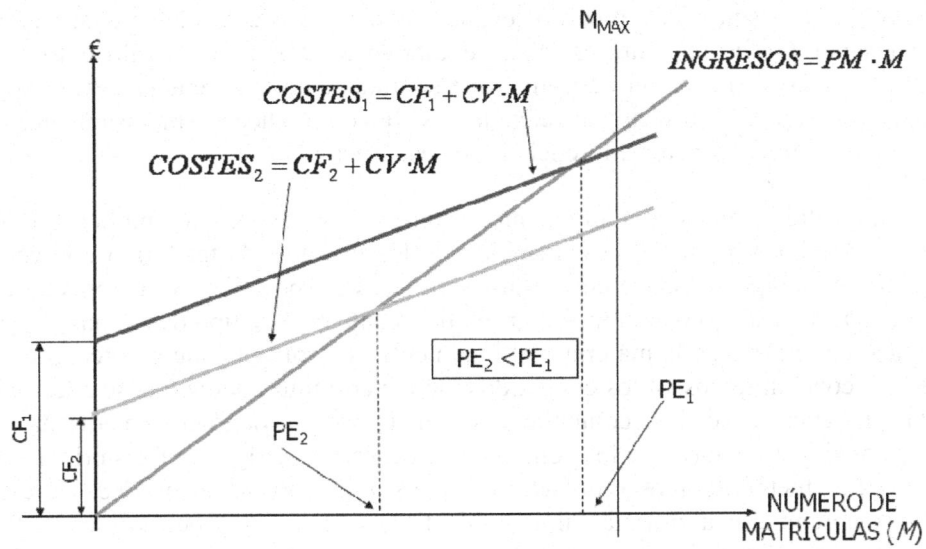

Figura 3.5. Aumento de la rentabilidad por efecto de un repositorio digital

Tampoco hay que olvidar los beneficios de las organizaciones virtuales que, entre otras cosas, permiten desarrollar una actividad de negocio sin necesidad de disponer de instalaciones físicas, ahorrándose los gastos y la inversión que ello supone. Si volvemos al análisis del punto de equilibrio, al reducir los costes fijos de infraestructura, la rentabilidad del proyecto se alcanza antes.

Un ejemplo de institución que ha apostado por una estrategia de liderazgo en costes en la University of Phoenix (UoP) contratando profesores a tiempo parcial y dedicándolos, única y exclusivamente, a labores de docencia y no otras tareas también propias del personal docente como la investigación y la gestión académica. La UoP también trata de mantener los costes controlados minimizando sus necesidades de infraestructura, por ejemplo, proporcionando multitud de recursos bibliográficos a través de Internet en lugar de disponer de una biblioteca propia.

3.5.2 Diferenciación

La diferenciación consiste en conseguir que el producto o servicio tenga, al menos, una característica única que lo distinga de los productos o servicios de la competencia y de modo que los clientes perciban un mayor valor en él.

En el *e-learning*, generalmente, un determinado curso o programa no proporciona ninguna ventaja competitiva en tanto y en cuanto cualquier organización puede duplicarlo, bien comprándolo directamente del proveedor o creándolo ella misma. Sin embargo, cuando al curso se le añaden los servicios prestados por profesores, tutores, etc., se establece un mayor vínculo entre los estudiantes y la organización educativa que se traduce en una ventaja competitiva en cuanto a soporte, servicio, excelencia y calidad. De hecho, precisamente, la calidad es el principal factor diferenciador en este sector.

La calidad de los contenidos puede conseguirse mediante la implicación de un equipo multidisciplinar a la generación de los mismos, de tal forma que cada miembro del equipo se centre en las tareas en que es especialista y se aprovechen las sinergias del trabajo conjunto. En grupo de trabajo de este tipo deben participar, al menos, un experto en la materia (habitualmente un profesor) que se encargue de verter sus conocimientos en los contenidos, un experto multimedia que se encargue de la producción de los contenidos y un revisor pedagógico o diseñador instruccional que asegure que los contenidos en cuestión se rigen por los principios pedagógicos, metodológicos y didácticos que exige la formación *on-line*. De este modo, se garantiza una elevada calidad didáctica, tecnológica y pedagógica de los contenidos (ver Figura 3.6), pilares sobre los que puede construirse una imagen de marca.

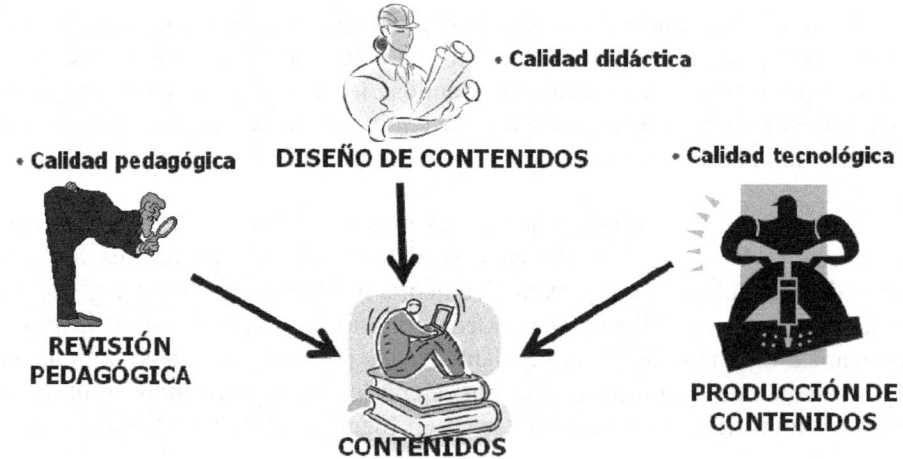

Figura 3.6. Proceso multidisciplinar de generación de contenidos

Además de unos contenidos de calidad, resulta fundamental también la calidad en la atención de los estudiantes, profesores, etc. y que agruparemos, a efectos de los párrafos siguientes bajo la denominación genérica de cliente. Son tres los pasos necesarios para manejar consistentemente la figura del cliente:

– Disponer de medios que permitan identificar a los clientes, ya que así se podrá personalizar la atención siempre que se sea capaz de saber con qué usuario se está tratando.

– Diseñar indicadores y atributos que permitan diferenciar entre las distintas categorías de clientes y de las que dependerá el modelo de negocio.

– Integrar los datos de los clientes con el fin de ofrecerles un servicio sin fisuras independientemente del canal seleccionado por éste y enriquecer la información de que se dispone para el análisis de dichos datos.

El beneficio inmediato de un tratamiento consistente del cliente es que se consigue la diferenciación respecto de la competencia ya que facilita que los clientes perciban un mayor valor en el servicio y un trato individualizado. La Figura 3.7 resume las características de un servicio orientado al cliente comparándola con el enfoque tradicional.

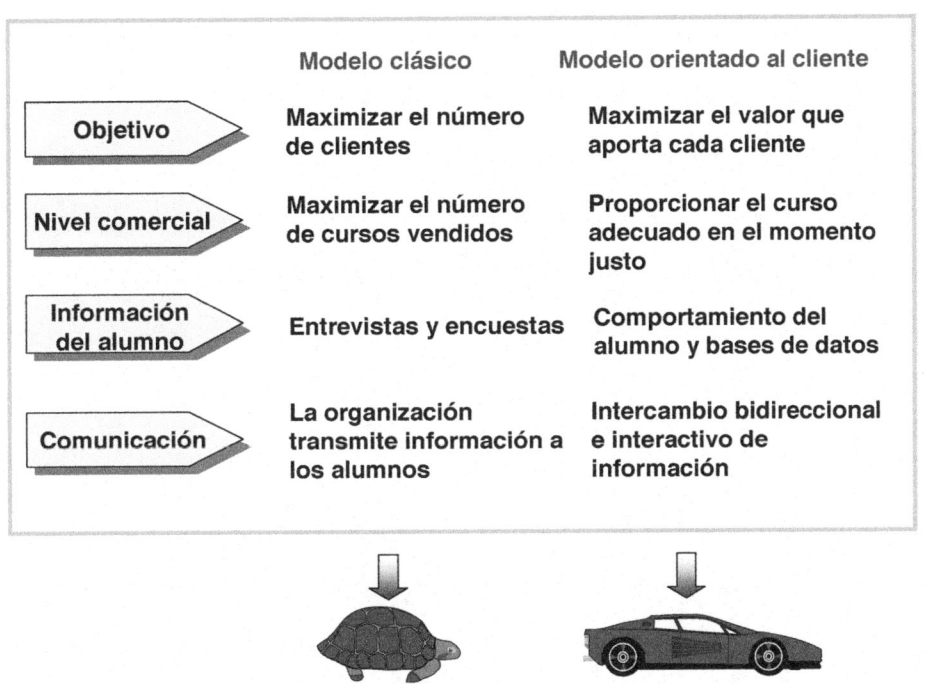

Figura 3.7. Modelo clásico vs. modelo orientado al cliente

PARTE II: DIMENSIÓN PEDAGÓGICA

Capítulo 4

APLICACIÓN INSTRUCTIVA DEL CAMPUS VIRTUAL

En este capítulo se introducen algunos aspectos de tipo instructivo que forman parte de aquellas experiencias de aprendizaje basadas en entornos *e-learning* y que están vinculados con la noción de implantación de campus virtual que se transmite a lo largo del libro. Al fin y al cabo, el propósito del campus virtual es el de proporcionar un conjunto de herramientas y tecnologías que den soporten al proceso formativo en una determinada materia o disciplina. Ello justifica el uso de un marco instructivo que permita guiar la aplicación del proceso formativo basada en el uso de una plataforma de campus virtual. Existen múltiples ejemplos de marcos que dan soporte al diseño instructivo de una experiencia de aprendizaje y en el caso que nos ocupa se ha optado por un marco general denominado ADDIE (Molenda, 2003) que ha demostrado ser suficientemente flexible para ser aplicado en diversos entornos formativos. Dicha denominación ADDIE corresponde a las iniciales de *Análisis*, *Diseño*, *Desarrollo*, *Implementación* y *Evaluación* que dan nombre a las fases típicas en la implantación de una experiencia formativa basada, en este caso, en una plataforma de campus virtual. En las siguientes secciones del capítulo se revisan dichas fases y se hace hincapié en su aplicación dentro del contexto formativo en un entorno de campus virtual.

El marco ADDIE se utiliza como guía general para controlar la aplicación instructiva de un campus virtual y su uso se complementa con *mapas conceptuales* para representar el conocimiento asociado a dicha aplicación instructiva. Los mapas de conceptos, tal como definió Novak (1998), consisten en notaciones gráficas para organizar y representar el conocimiento de una determinada materia. En los mapas conceptuales los conceptos se representan mediante rectángulos o "cajas" que están conectadas entre sí mediante flechas etiquetadas con la relación que une ambos conceptos. En este caso, los mapas conceptuales permiten representar los conceptos y relaciones que caracterizan las fases del marco ADDIE. Por ejemplo, los conceptos asociados a los objetivos estratégicos, perfiles de usuario o características de una organización en la fase de *Análisis*, aquellos relacionados con los objetivos de aprendizaje, los tipos de actividades o los recursos representados en el *Diseño*, o los aspectos relativos a la plataforma seleccionada, o los servicios *e-learning* disponibles durante la *Implementación* de una experiencia formativa basada en el uso de un campus virtual. Las relaciones entre los conceptos mencionados permitirán organizar de una forma sistemática y rigurosa la implantación del campus virtual.

4.1 ANÁLISIS DE NECESIDADES

La primera fase del marco ADDIE consiste en el *Análisis* de los diversos factores que configuran una experiencia formativa bajo un entorno *e-learning*. Dichos factores pueden relacionarse con las necesidades estratégicas de la organización donde se implanta dicha experiencia.

En esta fase se trata primero de clarificar el problema instructivo asociado a la experiencia formativa en cuestión. La experiencia puede ir desde una simple sesión de laboratorio o clase teórica, hasta un curso formativo o una titulación completa. Así pues una vez definido el tipo de experiencia se debería fijar el perfil del usuario al que va dirigida, establecer los objetivos generales o necesidades de formación así como identificar el nivel de conocimientos de los usuarios. Por tanto, se trata de contestar a cuestiones como las siguientes:

– ¿A qué tipo de público objetivo va dirigida la experiencia formativa (p.e. profesional o académico)?

– ¿Cuáles son las principales características de dicho público objetivo o el entorno donde se sitúan éstas (p.e. indicar las necesidades, intereses, nivel de conocimientos o habilidades previas)?

– ¿Cuáles son los resultados u objetivos que se persiguen y que estarían relacionados con las necesidades estratégicas de la institución (p.e. si se trata de objetivos económicos o meramente académicos)?

– ¿Qué tipos de condicionamientos y limitaciones para el aprendizaje existen (p.e. si los usuarios tienen disponibilidad horaria o la institución está distribuida en varias sucursales)?

- ¿Cuáles son las opciones para la impartición de la experiencia (p.e. indicar si existe alguna plataforma disponible, recursos humanos que puedan intervenir en la formación o contenidos o manuales ya existentes)?

- ¿Qué consideraciones metodológicas, pedagógicas o didácticas hay que tener en cuenta (p.e. si se trata de fomentar la adquisición de conocimientos teóricos o habilidades prácticas, o si la formación puede ser presencial o a distancia)?

- ¿Cuáles son las fases o planificación de la experiencia (p.e. en qué etapas se puede dividir y si existe alguna supervisión al respecto)?

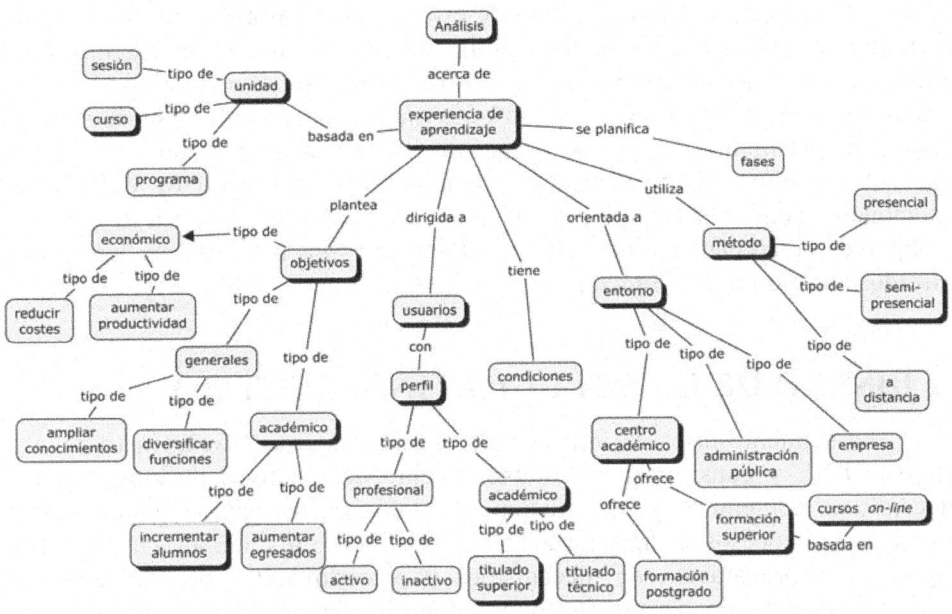

Figura 4.1. Mapa conceptual sobre el Análisis de un proceso formativo

En la Figura 4.1 se muestra un ejemplo de mapa conceptual que representa los diversos apartados que componen la fase de *Análisis*. En este caso, la representación de mapa conceptual se ha utilizado para dar respuesta a las cuestiones planteadas previamente y tratar de organizar las ideas que intervienen a la hora de analizar un ejemplo de experiencia formativa. Dicho ejemplo consiste en un posible curso denominado "Tecnologías *e-learning* para la Formación Superior". En la Figura 4.1 se incluyen conceptos como la *Unidad* que sirve para definir el tipo de experiencia o los *Objetivos* que se plantean divididos en varias categorías. Los conceptos "sombreados" indican la selección realizada en el ejemplo en cuestión como el tipo de unidad "Curso" o los objetivos de tipo "Académico" en los que se centra la experiencia.

En cuanto al perfil de *Usuario* se trata de definir las características básicas de éste, si pertenece a una empresa privada o pública o el tipo de sector donde se encuadra. Por ejemplo, si se trata de docentes en activo (el caso del ejemplo) o en busca de su primer trabajo. El concepto *Entorno* hace referencia a las características o contexto donde se sitúa la experiencia y que servirán para definir o justificar los contenidos del curso (por ejemplo, tecnologías *e-learning* para dar soporte a cursos *on-line*). Por último, se incluyen referencias al *Método* de formación aplicado que subraya que se basa en un planteamiento semi-presencial por lo que será necesario utilizar alguna plataforma para darle soporte.

La utilidad de representar los conceptos relacionados con el *Análisis* radica primero, en la formalización a la hora de estructurar la información que introduce el uso de esta técnica y segundo, la posibilidad de poder utilizar las relaciones entre conceptos para conectar con conceptos de otros mapas. En el primer caso, el uso de mecanismos y notaciones formales como los mapas conceptuales contribuyen a un tratamiento sistemático y riguroso de la información que representan En segundo lugar, las relaciones entre conceptos permiten conectar diversos dominios de conocimiento como por ejemplo, la relación entre las necesidades estratégicas y los de objetivos de aprendizaje del *Diseño* o los contenidos analizados y los recursos utilizados para su *Implementación*.

4.2 DISEÑO DE LA SOLUCIÓN INSTRUCTIVA

La siguiente fase está relacionada con la etapa de *Diseño* instructivo del marco ADDIE y consiste en el establecimiento de objetivos de aprendizaje, la selección de contenidos y los medios que los caracterizan, la elaboración de actividades y procesos de aprendizaje, la definición de los métodos instructivos a emplear o la preparación de mecanismos y procedimientos de evaluación. En definitiva, se trata de considerar todos aquellos elementos que configuran una experiencia formativa pero sin hacer referencia a las tecnologías elegidas para su implementación o implantación en un entorno concreto. Lógicamente, los elementos configurados en el *Diseño* deben tener en cuenta los requisitos planteados durante el *Análisis* y la representación de mapas conceptuales contribuye a facilitar dicha conexión.

El *Diseño* debe ser sistemático en el sentido que significa establecer un orden concreto sobre los pasos y la estrategia a seguir para llegar a cumplir los objetivos planteados (en este caso de aprendizaje, a diferencia de las necesidades estratégicos definidas durante el *Análisis*). Los pasos a seguir durante el *Diseño* instructivo pueden variar en su orden y una posible lista de ellos consiste en:

– Establecer los objetivos de aprendizaje que indican la finalidad o propósito formativo de la experiencia en cuestión. Los objetivos se pueden clasificar de múltiples formas y en este caso se ha elegido una clasificación propuesta por Horton (2006) que los divide en primarios y secundarios según hagan referencia a fines más generales o específicos.

- Seleccionar los contenidos que se utilizarán durante la experiencia de aprendizaje. Dichos contenidos dependerán de la disciplina o la materia asociada a la experiencia y podrán dividirse en documentos, ficheros u otros tipos de materiales didácticos. En una fase de diseño detallado se trataría de determinar los medios (por ejemplo, texto, audio, gráficos, vídeo real, animación, etc.) que dan soporte a dichos contenidos.

- Elaborar las actividades de aprendizaje que caracterizan la experiencia en cuestión. Dentro de este apartado se incluyen todas aquellas tareas o procesos que suponen el papel activo tanto del formador (sujeto docente) como de los alumnos (sujeto discente).

- Definir los métodos o estrategias a utilizar en la experiencia de aprendizaje. Por ejemplo si se trata de establecer una forma "objetivista" de enseñanza (p.e. mediante una secuencia predeterminada de acciones) o *binn* se plantea un método constructivista (p.e. en el contexto de una estrategia de trabajo colaborativa).

- Preparar los mecanismos y procedimientos de evaluación. En este caso, se trata de analizar el tipo de evaluación a realizar según se realice de forma objetiva o subjetiva, o durante el proceso o al final del mismo.

Al igual que se ha hecho en la etapa de *Análisis*, los elementos que forman parte del *Diseño* pueden también representarse mediante mapas conceptuales. La Figura 4.2 muestra un ejemplo de mapa que reúne algunos de los apartados que intervienen en el diseño instructivo de la experiencia formativa analizada en la fase anterior. En este caso, se destaca la selección de un *Objetivo* de aprendizaje de tipo "primario" (Horton, 2006) consistente en promover habilidades de tipo creativo. Dicho objetivo puede estar relacionado (tal como se indica en el mapa) con alguna de las finalidades estratégicas definidas en la fase de *Análisis*. También pueden indicarse los *Requisitos* y *Contenidos* para el curso propuesto, en este caso, relacionados con la temática de *e-learning*. Finalmente, el mapa representado en la Figura 4.2 muestra la definición de *Actividades* (p.e. destinadas a elaborar o instalar un ejemplo de campus virtual), la selección de procedimientos de *Evaluación* (p.e. pruebas objetivas frente a otras como trabajos) o la organización del curso en determinadas *Unidades*.

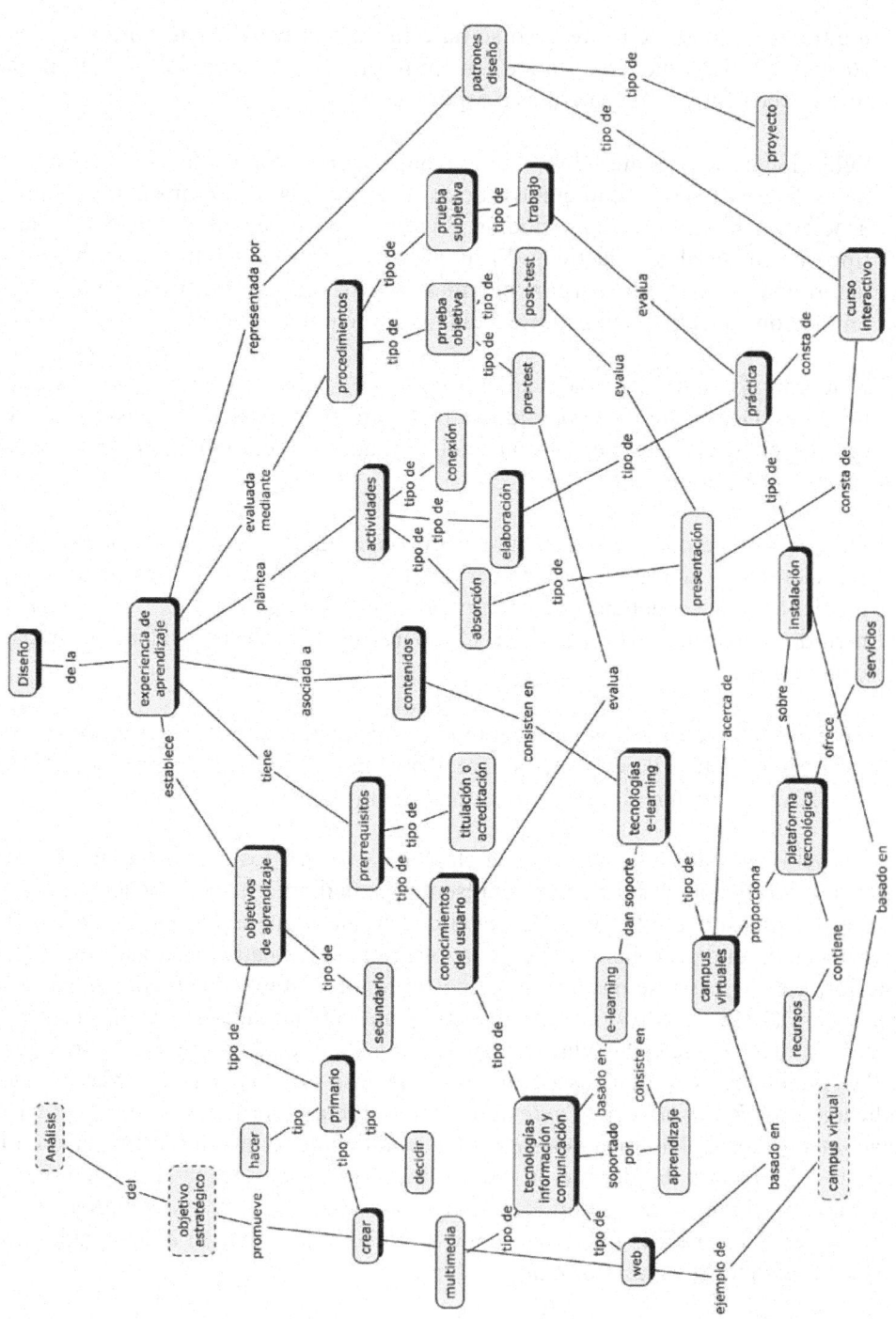

Figura 4.2. Ejemplo de mapa conceptual aplicado al Diseño del proceso formativo

Una vez representados los elementos que forman parte del *Diseño* de la experiencia formativa, se trata de ubicar éstos en un contexto temporal más concreto y específico (p.e. diferenciar si se trata de un curso o parte de éste). La Figura 4.3 muestra un ejemplo de diagrama que representa las etapas que forman parte de un módulo de curso *on-line*.

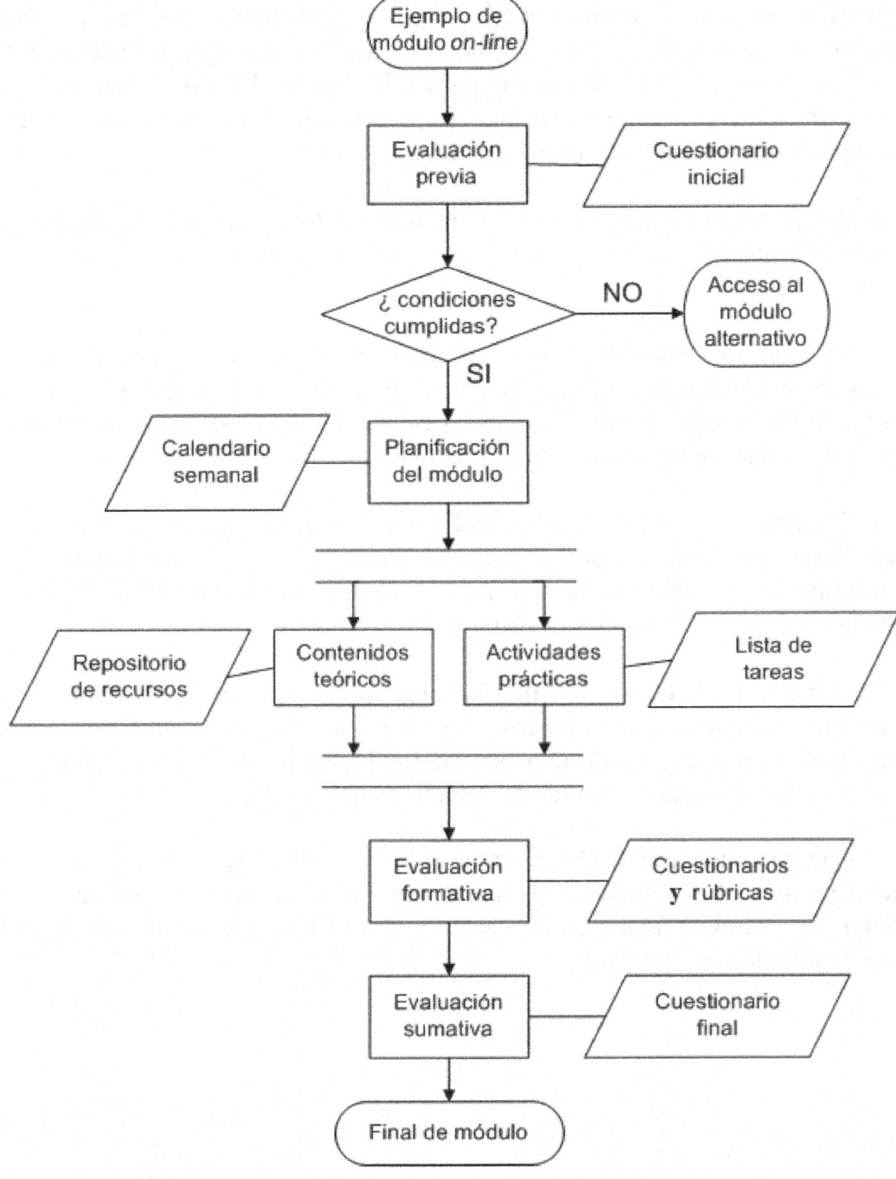

Figura 4.3. Esquema de curso on-line

La propuesta representada organiza el diseño detallado de una experiencia formativa basada en el acceso a recursos y servicios proporcionados por un campus virtual. Dicha experiencia parte de una evaluación previa que determina si el alumno cumple los requisitos del módulo en cuestión. Para ello se utilizará un cuestionario (en la fase de *Implantación* se determinará el formato y uso) cuyas respuestas se emplearán para decidir la "ruta de aprendizaje". Esta posible organización es tan sólo un ejemplo y se podría haber elegido un diseño alternativo. A partir de este punto se llevarán a cabo una serie de acciones bien secuenciales o en paralelo representadas en la Figura 4.3 por recuadros. Cada acción podrá tener un recurso asociado (representado mediante trapecios). En el ejemplo propuesto se incluyen las siguientes acciones:

–   La planificación de actividades y contenidos a tratar durante el módulo (p.e. mediante un calendario semanal que fije dicha actividades y el uso de contenidos).

–   La revisión de contenidos que servirán para establecer los conceptos y cuestiones teóricas de las que consta el módulo (en caso que el módulo se enfoque hacía aspectos descriptivos) o elementos de ayuda (guías o manuales) que sirvan para orientar cuestiones prácticas.

–   La definición de actividades a realizar durante el módulo y que tendrán asociadas una lista de tareas que cumplimentar (p.e., la instalación de un prototipo de campus virtual o una discusión sobre la selección de una plataforma para dicho campus virtual).

–   El establecimiento de mecanismos de evaluación tanto de tipo formativo (p.e. mediante cuestionarios o rúbricas acerca de la tarea realizadas) o sumativo mediante la realización de una prueba final (puede ser *on-line* o presencial) para evaluar si se han cumplido los objetivos del módulo.

Una vez realizado el *Diseño*, tanto a nivel general (p.e. de un curso o una titulación) o a nivel detallado en el caso de un módulo o unidad concreta, se trata de comprobar cómo se traslada este diseño a una plataforma *e-learning* específica durante su fase de *Implantación*.

4.3 DESARROLLO E IMPLANTACIÓN

En este apartado se han combinado dos fases del marco ADDIE consistentes en el Desarrollo de los recursos, actividades estrategias y resto de elementos diseñados en la fase previa y la Implementación de dichos elementos en un contexto tecnológico (plataforma *e-learning* asociada a un campus virtual específico). Durante la etapa de Desarrollo se trata de crear y ensamblar los recursos o contenidos mediante herramientas (incluidas o no en el campus virtual) y preparar las tareas para su posterior implementación en un entorno o plataforma *e-learning* concreta. La Figura 4.4 muestra un ejemplo de mapa conceptual que incluye algunos tipos de recursos que pueden ser almacenados por un entorno de campus virtual:

–   Documentos de texto elaborados mediante herramientas ofimáticas (MS Office u Open Office) o generado mediante formato PDF o similares (RTF, TXT).

–   Páginas web editadas de forma interna dentro de la plataforma de campus virtual o mediante una aplicación externa a dicha plataforma.

–   Enlaces a direcciones de Internet. Luego se decidirá el tipo de acción para poder acceder a dichas direcciones (p.e. si necesitan abrirse en la misma ventana).

–   Ficheros de formatos multimedia: audio (p.e. para almacenar una grabación o *podcast* del profesor), vídeo (p.e. procedente de alguna presentación) o imágenes estáticas para representar gráficos.

–   Archivos correspondientes a aplicaciones que pueden ejecutarse desde el mismo campus virtual (por ejemplo, un editor o un simulador integrado en la plataforma de campus virtual).

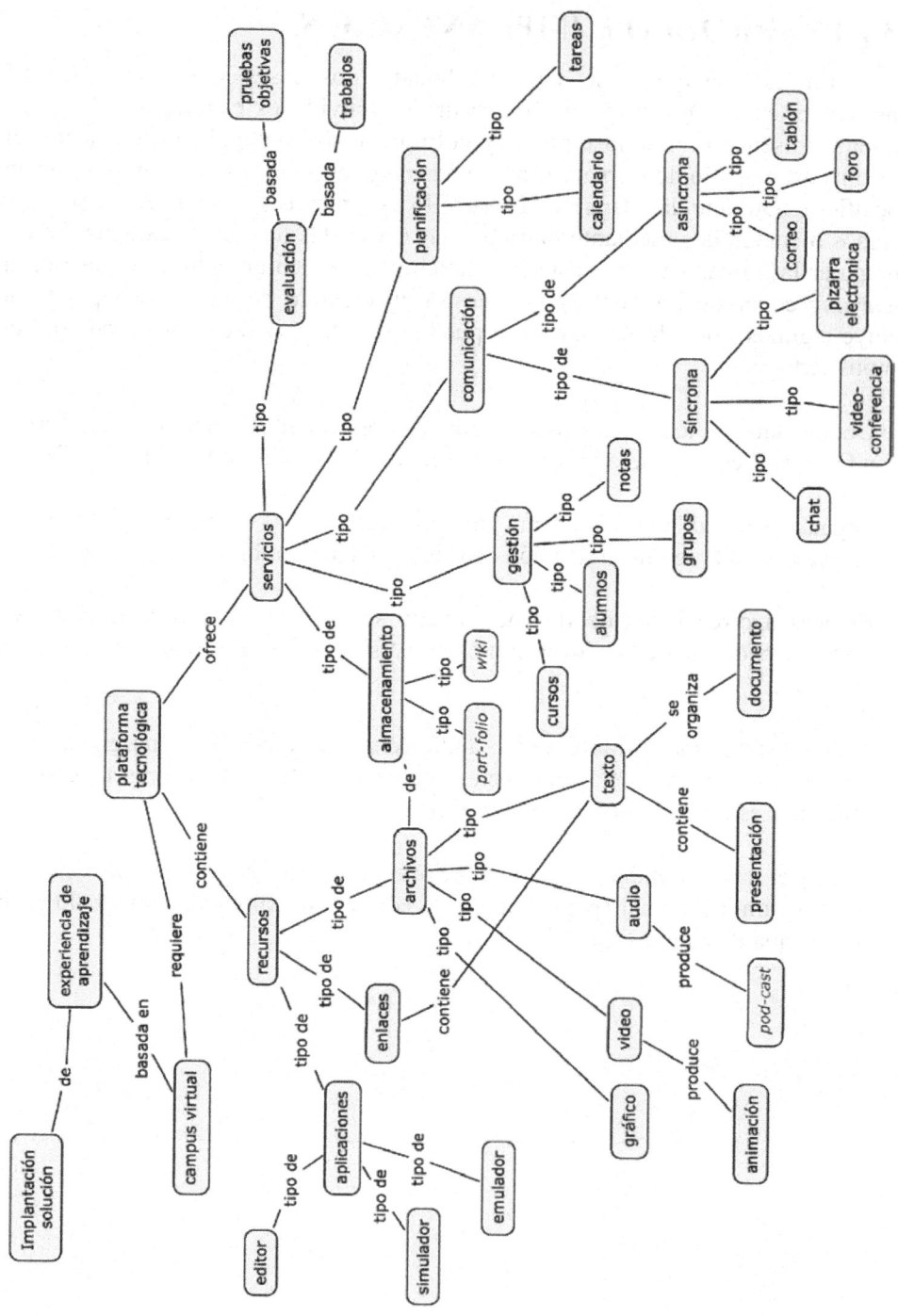

Figura 4.4. Ejemplo de mapa conceptual aplicado a la Implementación
e-learning *de un proceso formativo*

En este punto hay que decidir qué tipo de recursos, en qué formato y las herramientas para producirlos. Para ello se utilizarán los criterios expresados durante la fase de *Diseño*. En el contexto del ejemplo de módulo planteado previamente se trata de combinar aspectos teóricos y prácticos según los objetivos de aprendizaje definidos. Por ejemplo, para la introducción del módulo se ha seleccionado una descripción breve del concepto de campus virtual y a continuación la explicación textual de los tipos de plataformas en los que se basa. Dada la orientación teórico-práctica del módulo se ha propuesto el uso de páginas web combinado con la inclusión de enlaces a direcciones web para completar dicha introducción. En la Figura 4.5 se muestra tal esquema de contenidos introductorios desarrollados en un entorno Moodle.

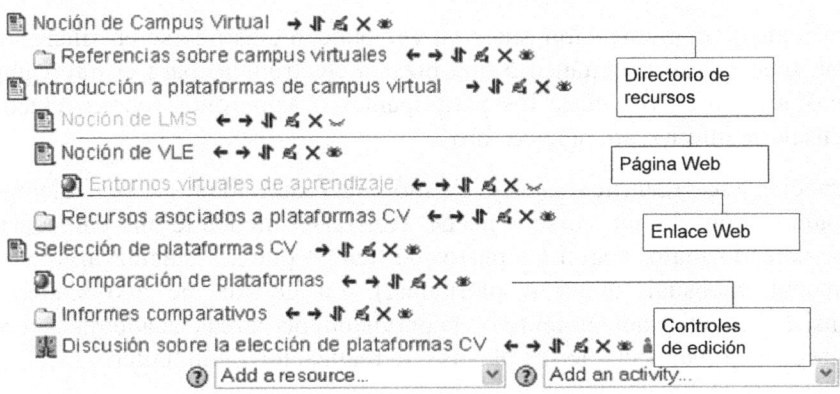

Figura 4.5. Ejemplo de esquema para representar contenidos

En el caso de un módulo con una componente más teórica se podía haber optado por el desarrollo de documentos (tipo pdf o similar) junto con presentaciones en formato multimedia (por ejemplo, basados en formatos de imágenes para representar un esquema gráfico o una grabación de vídeo que muestre la animación de un algoritmo o la presentación realizada por el profesor). También se podría utilizar un esquema de lección interactiva que combine la realización de actividades (de cara incrementar la participación del alumno) con explicaciones breves que a su vez, contengan vínculos a las actividades prácticas. En cualquier caso, el *Diseño* realizado en la fase previa debe ayudar a guiar dicho *Desarrollo*.

El desarrollo de contenidos puede completarse con el uso de estándares para facilitar su intercambio entre diferentes plataformas de forma que los contenidos desarrollados puedan ser utilizados fuera del entorno donde fueron generados originalmente. Por ejemplo, pueden utilizarse especificaciones estándar (Marshall, 2004) como SCORM para representar una lección interactiva o IMS QTI para especificar cuestionarios de evaluación.

La Figura 4.5 muestra algunos de los servicios que pueden encontrarse en una plataforma de campus virtual y que servirán para realizar la fase de *Implementación*. Esta fase consiste en recopilar los elementos desarrollados previamente y prepararlos para que puedan ser utilizados desde la plataforma de campus virtual seleccionada. Dicha utilización se llevará a cabo mediante los denominados *servicios* ofrecidos por la plataforma *e-learning*. Tales servicios puedan organizarse en diversas categorías con el fin de facilitar su revisión:

- Servicios de gestión de recursos que pueden consistir en el almacenamiento, recuperación y publicación de contenidos, la búsqueda de éstos, la recopilación mediante directorios o carpetas, herramientas de portafolio digital o la edición de contenidos mediante *wikis*.

- Servicios de comunicación que a su vez pueden clasificarse en síncronos (p.e. chat, mensajería instantánea o una pizarra electrónica) para el intercambio de mensajes o archivos entre los participantes o asíncronos (correo electrónico, mensajería interna, anuncios o foros).

- Servicios de planificación y gestión de actividades. Por ejemplo, la programación de un curso puede realizarse mediante un calendario con diferentes formatos según los plazos de tiempo que se establezcan (p.e. diario, semanal, mensual, anual o plurianual). La gestión de actividades puede consistir en el planteamiento y supervisión de tareas académicas como la entrega de trabajos en ciertos plazos o la realización de un taller.

- Servicios de evaluación para la realización de pruebas objetivas (tipo test) mediante cuestionarios que pueden ser contestados de forma anónima o nominal, con autocorrección o sin ella, etc. También se puede considerar la evaluación de trabajos asignados a proyectos o actividades de aprendizaje (ya sean individuales o en grupo) mediante el uso de "rúbricas" o herramientas similares.

Una plataforma concreta proporciona una serie de recursos y servicios específicos y se trataría de seleccionar aquella que pueda dar el soporte tecnológico necesario a las necesidades planteadas (p.e., a partir de los objetivos expresados en la fase de *Diseño* o los requisitos obtenidos en el *Análisis*). En este caso se ha seleccionado una plataforma Moodle (Dougiamas, 2003) para implementar el ejemplo de curso sobre "Tecnologías *E-learning*". Aparte de los recursos desarrollados para el módulo en el apartado anterior se pretende dar soporte a una serie de actividades dirigidas a fomentar el trabajo aplicado al uso de plataformas en este contexto. Para ello se plantea el uso de los siguientes servicios:

- Un calendario semanal que recopile la lista de recursos y las actividades programadas durante el módulo. La elección de este formato se ha basado en la frecuencia de eventos previstos en el módulo.

- Un repositorio de recursos en forma de documentos web y enlaces para representar los contenidos teóricos del módulo tal como se muestra en la Figura 4.5.

- Una actividad de taller dirigida a supervisar un trabajo práctico de selección y puesta en marcha de un prototipo de plataforma *e-learning*.

- Varias actividades de debate tipo "foro" orientadas a promover la colaboración entre los usuarios del módulo durante determinados momentos de éste. Dicha colaboración puede estar dirigida a analizar diversas propuestas de plataformas o a evaluar las opiniones sobre el uso de una determinada plataforma *e-learning*.

- Una lista de cuestionarios dirigidos a evaluar diversos momentos del módulo como el inicio de éste para revisar los conocimientos iniciales de los alumnos sobre plataformas de campus virtual o como mecanismo de autoevaluación para éstos.

La Figura 4.6 muestra un esquema de calendario que indica la planificación semanal de actividades del módulo. Dicho esquema incluye una introducción del módulo durante la primera semana que servirá como presentación de los conceptos teóricos de base (nociones relacionadas con el campus virtual). A partir de esta introducción se han planteado diversas actividades enfocadas al uso práctico de plataformas de campus virtual. En la parte derecha de la figura se muestra información sobre eventos del módulo divididos en aquellos más recientes (apartado *Novedades*) y los próximos en producirse.

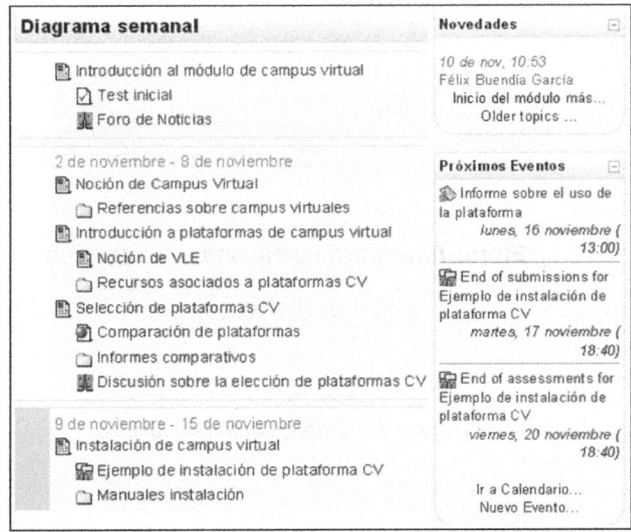

Figura 4.6. Ejemplo de planificación de un proceso formativo

La Figura 4.7 indica los elementos que describen un ejemplo de tarea programada en el módulo y relacionada con la preparación de un informe sobre el uso de una plataforma de campus virtual. Dichos elementos muestran el *Título* de la tarea, el *Estado* de ésta (p.e. si está disponible para el alumno o ya finalizada) o la fecha de apertura y cierre de la misma. También incluyen información asociada a archivos enviados por el alumno así como la opción de poder completar el envío para realizar la evaluación final.

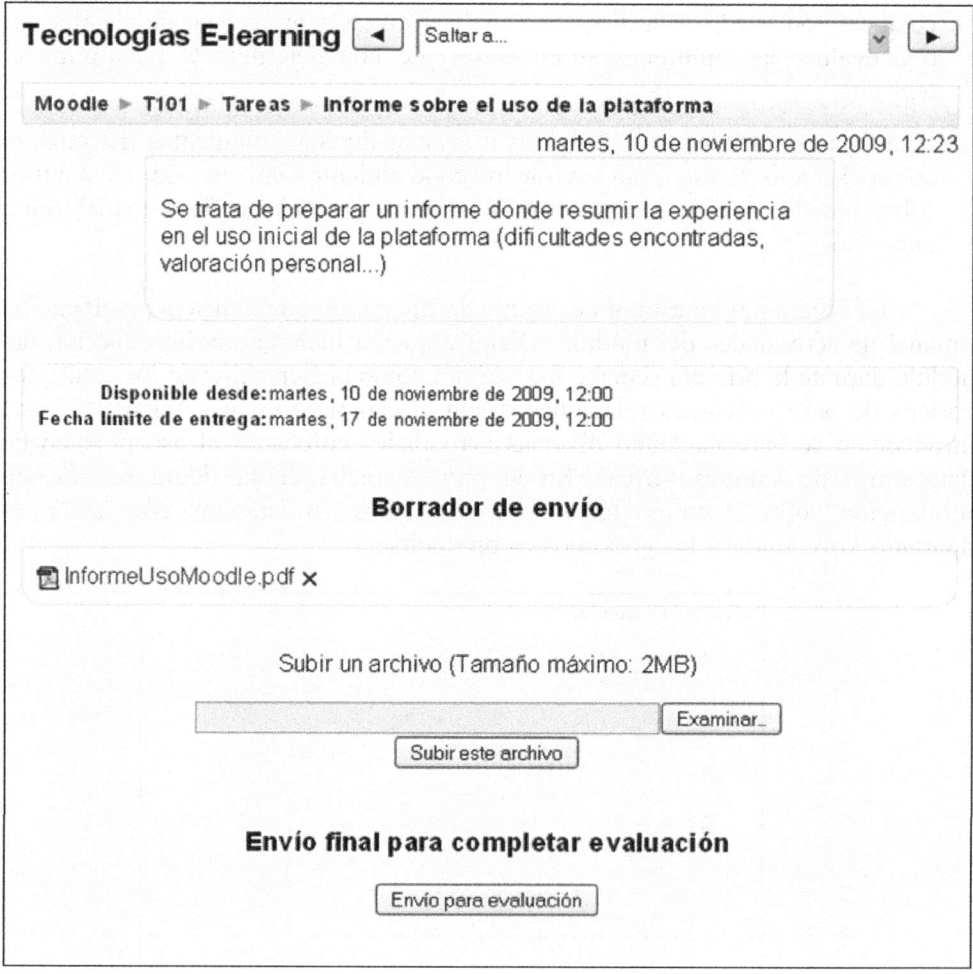

Figura 4.7. Planificación de tareas

4.4 EVALUACIÓN Y MEJORA

La última fase del marco ADDIE consiste en la *Evaluación* de los distintos apartados que forman parte de la experiencia formativa llevada a cabo bajo el soporte de una plataforma de campus virtual. La finalidad, en última instancia, consiste en detectar posibles problemas o deficiencias en dicha experiencia (p.e. derivadas de la utilización de la plataforma elegida) y proponer alternativas con el fin de mejorar su funcionamiento. En este sentido, se podrían evaluar aspectos correspondientes a cada una de las fases mencionadas en el capítulo desde el *Análisis* de necesidades formativas hasta la *Implementación* y puesta en práctica, pasando por el *Diseño* y *Desarrollo* de recursos y actividades. La evaluación que se describe en este apartado se centrará en la fase última de *Implementación* con el fin de simplificar el proceso.

Para ello, se deben establecer los métodos y técnicas que permitan evaluar los elementos que intervienen en la *Implementación* del proceso formativo y posteriormente, seleccionar los procedimientos y mecanismos necesarios (Buendía, 2008). Entre los métodos y técnicas de evaluación utilizados en entornos *e-learning* (Mandinach, 2005) podemos encontrar métodos cualitativos frente a cuantitativos, evaluación interna si se realiza desde dentro de la institución o mediante componentes externos a la misma, de tipo formativo durante el proceso de puesta en práctica o a su finalización. En el contexto del presente capítulo se consideran aquellas técnicas que permitan valorar la influencia del entorno o plataforma de campus virtual en el proceso formativo.

En primer lugar, se plantea una evaluación de tipo cualitativo a partir de las opiniones de los usuarios (en este caso los alumnos participantes en un curso *on-line*). Para realizar dicha evaluación se puede recurrir a mecanismos como entrevistas individuales o cuestionarios enviados a un grupo de usuarios. La Figura 4.8 muestra los resultados de un cuestionario obtenidos a partir de una encuesta sobre la valoración de los alumnos del curso llevado a cabo (al final del mismo). A partir de la evaluación realizada se pueden determinar aquellos aspectos con una valoración más baja y tratar de corregirlos.

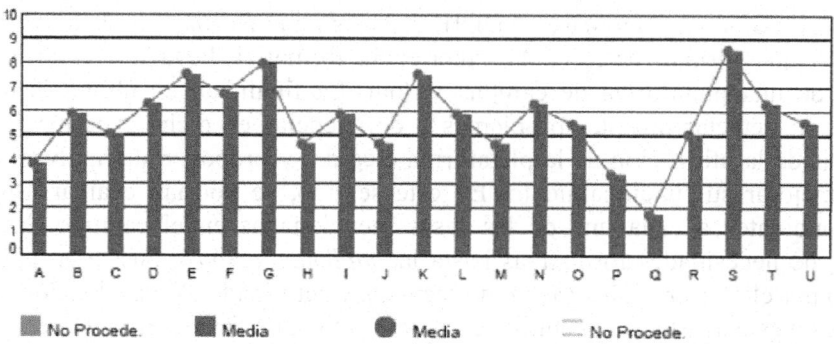

Figura 4.8. Resultados de una encuesta de valoración del uso
de una plataforma de campus virtual

En segundo lugar, se puede recurrir a una evaluación cuantitativa que revise cuestiones más objetivas como el n.º de accesos realizados a la plataforma durante el curso o el tiempo medio empleado en dichos accesos. La Figura 4.9 muestra un gráfico de barras que mide el n.º de accesos realizados tanto por parte de profesores (barras negras) como de alumnos (barras grises) a los distintos apartados de una plataforma (p.e. un entorno Moodle).

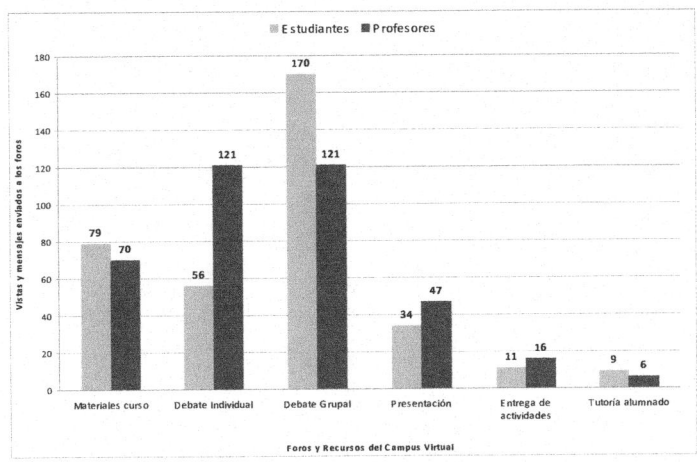

Figura 4.9. Estadísticas de uso de una plataforma Moodle

Dichos apartados miden el acceso a los "Materiales del curso", "Debates individual / grupal", "Presentaciones" realizadas por los alumnos, "Entrega de actividades" o "Tutorías". En el gráfico de la Figura 4.9 se observa una mayor inclinación hacia las actividades de Debate (basadas en el uso de "foros" de la plataforma) donde se puede apreciar, asímismo, un predominio de los alumnos a la hora de intervenir en los debates "grupales" mientras que el profesor o tutor ha tenido un papel preponderante en los debates individuales. Los datos obtenidos a partir de *logs* o herramientas que miden estos accesos pueden ser luego interpretados y analizados. En el caso de la evaluación de los Debates del ejemplo puede deducirse una baja motivación del alumno para participar de forma individual y como respuesta, plantear otro tipo de actividades que mejoren dicha faceta.

4.5 CONCLUSIONES

A lo largo de este capítulo se han revisado un conjunto de cuestiones que intervienen en la aplicación instructiva de un proceso formativo basado en el uso de una plataforma de campus virtual. Con el fin de facilitar dicha revisión se ha empleado el marco ADDIE como punto de referencia para identificar las diversas etapas de dicha aplicación en el contexto de un campus virtual. Se ha hecho hincapié en los aspectos instructivos como complemento de cuestiones de tipo estratégico o tecnológico que se han descrito en otros capítulos del libro. Ello ha permitido plantear cuestiones que afectan básicamente al instructor o docente que hace uso de plataformas y entornos de campus virtual en su trabajo. En primer lugar, desde la perspectiva del Análisis de las necesidades formativas. A continuación, mediante el Diseño de recursos y procesos formativos basados en el empleo de dichos entornos y por último, a partir de su Implantación en una plataforma concreta.

Capítulo 5

CALIDAD EN EL *E-LEARNING*

El *e-learning* es un proceso de reciente aparición que ha protagonizado una rápida expansión en los últimos años y que requiere nuevas competencias para su desarrollo. Esto hace especialmente necesaria su evaluación. Los métodos de aprendizaje clásicos (basados en actividades presenciales) llevan muchos años desarrollándose, analizándose y evaluándose. Sin embargo la evaluación del *e-learning* es un área novedosa y de gran importancia debido a su fuerte expansión, tanto en formación reglada como permanente. Además, en la formación *e-learning* intervienen factores novedosos como el uso de la tecnología y de nuevos estilos de aprendizaje que requieren de una atención especial a la hora de realizar la evaluación.

La gran cantidad de nuevos elementos así como los numerosos actores que intervienen en este tipo de procesos educativos hacen deseable (si no imprescindible) el seguimiento de un método para realizar la evaluación.

5.1 EVALUACIÓN EN EL *E-LEARNING*

De la Orden (1985) define evaluación como "el proceso o conjunto de procesos para la obtención y análisis de la información relevante en que apoyar un juicio de valor sobre un objeto, fenómeno, proceso o acontecimiento, como soporte de una eventual decisión sobre el mismo". Otra definición sería "estimar cuantitativa y cualitativamente el valor, la importancia o la incidencia de determinados objetos, personas o hechos" (Fons, 1980). Por tanto, el objetivo de la evaluación es doble: por un lado obtener y analizar la información para tomar una decisión y, por otro, valorar la importancia de algo. Otras metas secundarias de una evaluación serían determinar la eficiencia, efectividad o lo más apropiado, destacar las buenas y malas prácticas, corregir errores en procesos o herramientas, asegurar una óptima inversión o simplemente aprender de otras experiencias.

Sin embargo, en este libro se prefiere considerar la evaluación enfocada a la mejora de los procesos educativos y a la búsqueda de la excelencia en procesos y productos. Esta búsqueda de la calidad abarca no sólo la evaluación de resultados sino también de elementos importantes en el funcionamiento de la organización en cuanto a la estrategia seguida, los procesos o los recursos utilizados.

A lo largo de los últimos años, se han venido desarrollando numerosas propuestas que tienen como objetivo facilitar y agilizar la evaluación del *e-learning*. Son muchos los enfoques que pueden tenerse en cuenta a la hora de clasificar estas propuestas de evaluación (Hughes, 2003; Mandinach, 2005; Wirth, 2005; Zapata, 2006). En esta obra, sin embargo, seguiremos el enfoque propuesto por M.J. Rubio (2003), que habla de dos grandes tendencias en relación a las prácticas para evaluar la calidad de los proyectos *e-learning*:

– El enfoque parcial describirá por separado cada uno de los elementos de interés dentro del proyecto *e-learning*. Dentro de la evaluación parcial se consideran aspectos concretos relevantes en la formación como son los procesos formativos, los recursos utilizados o las plataformas tecnológicas en las que se apoya el proceso educativo.

– El enfoque global tiene presente el conjunto total de elementos que intervienen en una solución *e-learning* a la hora de establecer criterios para evaluar la calidad. Bajo este enfoque distinguimos dos tipos de evaluación: la evaluación basada en gestión de calidad y la evaluación basada en el sistema de Benchmarking.

5.1.1 Procesos formativos

La mayoría de modelos para la evaluación de procesos formativos fueron desarrollados para procesos tradicionales aunque pueden aplicarse también al *e-learning*. Los objetivos de estos modelos son evaluar el nivel de cumplimiento de los objetivos educativos, evaluar el programa educativo y determinar el retorno de la inversión realizada.

Uno de los modelos más utilizado es el de Kirkpatrick (2001), que evalúa el impacto de una acción formativa a través de cuatro niveles:

– Reacción de los participantes: en este nivel, la evaluación mide cómo reaccionan los participantes ante la acción formativa. Es importante obtener una reacción positiva y que los alumnos estén motivados para aprender. Puede medirse con cuestionarios de opinión o entrevistas con los alumnos.

–   Aprendizaje conseguido: esta evaluación persigue comprobar el nivel de conocimientos y habilidades adquiridos por el alumno. Para ello es necesario establecer previamente los objetivos específicos. Se lleva a cabo mediante cuestionarios o pruebas escritas.

–   Transferencia alcanzada: la evaluación de la transferencia comprueba si las competencias adquiridas con la formación se aplican en el entorno de trabajo y se mantienen a lo largo del tiempo. Se aplica sobre todo a formación continua en empresas.

–   Impacto resultante: para evaluar los resultados finales de la formación habría que remitirse a comprobar temas como: aumento de la producción, mejora de calidad, costes menores, incremento de ventas, reducción de accidentes y mayores beneficios. Al igual que el nivel anterior se aplica fundamentalmente a formación continua en empresas.

Otro modelo de evaluación de procesos formativos es el CIPP (1971). Este modelo está enfocado a la evaluación y toma de decisiones acerca del programa educativo. Se basa en un ciclo que evalúa la planificación, la estructura y la implementación y vuelve a revisar las decisiones examinando cada uno de los aspectos de la evaluación (contexto, entradas, procesos y productos). Su objetivo es proporcionar información útil para analizar alternativas de decisión, mejorar el valor de programas u objetos educativos y ayudar en la mejora de políticas educativas. Cada uno de los cuatro aspectos de la evaluación soporta diferentes tipos de decisiones y preguntas (ver Tabla 5.1).

Aspecto de la Evaluación	Tipo de decisión	Tipo de cuestión respondida
Evaluación del contexto	Planificación	¿Qué deberíamos hacer?
Evaluación de entradas	Estructura	¿Cómo deberíamos hacerlo?
Evaluación del proceso	Implementación	¿Lo hacemos como se planificó? Y si no, ¿Por qué no?
Evaluación del producto	Reciclaje	¿Funcionó?

Tabla 5.1. Modelo CIPP

La aplicación de este modelo se base en un cuestionario con 7 secciones (contexto, entrada, proceso, impacto, efectividad, sostenibilidad y portabilidad de elementos de la evaluación), cada una de las cuales evalúa un aspecto, excepto las cuatro últimas que evalúan el funcionamiento del producto.

5.1.2 Recursos educativos

La importancia de los materiales en el éxito de un proceso educativo basado en el *e-learning* es necesaria para cada uno de los actores que participan en un proceso *e-learning* (desarrolladores, formadores, encargados de seleccionar el material, administradores o usuarios finales).

Son muchas las variables implicadas y por ello, los encargados de realizar la selección de los materiales necesitan criterios que les permitan decidir entre la gran variedad de recursos disponibles en el mercado. Es muy importante, por tanto, la evaluación y clasificación de los recursos que permita agilizar y facilitar esta selección. La evaluación de los recursos también facilita al alumno la toma de decisión acerca de la oferta formativa que más se adapta a sus necesidades.

A la hora de evaluar un recurso educativo, conviene hacerlo bajo dos puntos de vista, generalmente relacionados: el pedagógico y el tecnológico. El primero se centra en los aspectos genéricos que tienen que ver con el éxito del aprendizaje, mientras que el segundo trata de temas técnicos como diseño o accesibilidad. La Tabla 5.2 aporta una serie de recomendaciones asociadas a los principios de calidad de recursos *e-learning* de cada uno de estos dos aspectos (Becta, 2006).

	Principios de calidad	Recomendaciones
Pedagógicos	Inclusión y acceso	Prácticas inclusivas
		Facilitar el acceso a personas discapacitadas
	Motivación al estudiante	Compromiso, desafío y motivación del estudiante
		Evitar situaciones que desanimen al estudiante
	Aprendizaje efectivo	Permitir la selección o personalización de propuestas de aprendizaje

	Propuestas de aprendizaje positivamente probados
	Promoción del aprendizaje autónomo, la reflexión y la colaboración
	Propuestas de múltiples perspectivas de un asunto
Evaluación formativa	*Feedback* para la adquisición de conocimientos y habilidades: - *Feedback* rápido que permita saber qué y cómo mejorar - Auto-evaluaciones - *Feedback* personalizado
Evaluación continua	Información acerca del rendimiento del alumno
	Almacén de datos de rendimiento para un seguimiento del progreso
Propuestas innovadoras	Aprovechamiento de elementos innovadores de las TIC
Facilidad de uso	Guías de uso apropiadas
	Adecuación a los conocimientos o habilidades del alumno
Ajustarse al programa	Objetivos claros y específicos para el nivel
	Contenidos precisos y fiables
	Actividades adecuadas a los objetivos
	Evaluación adecuada a los objetivos

Tecnológicos	Diseño de recursos digitales	Beneficios frente a recursos no digitales
		Feedback
		Trabajo colaborativo
		Posibilidad de rutas individuales
		Personalización de recursos
		Uso adecuado de multimedia
		Grabación de avances
	Robustez y soporte	Funciones de ayuda ante problemas comunes
		Posibilidad de deshacer acciones
		Respuestas rápidas, visibles y sonoras
		Permitir al usuario salir en cualquier punto
		Tratamiento adecuado de errores de los usuarios
	Interacción	Claridad en los iconos
		Navegación consistente
		Comportamiento habitual ante acciones típicas
		Funcionalidad transparente
		Feedback visual y auditivo adecuado
		Estética adecuada a los objetivos educacionales
	Calidad de activos	Ficheros consistentes y fácilmente accesibles (formatos adecuados)

	Adecuados a los objetivos de aprendizaje
	Derechos de uso apropiados
Accesibilidad	Seguimiento de especificaciones tipo W3C
	Accesibilidad en todos los asuntos de diseño, interfaz, maquetación, material de ayuda
Interoperabilidad	Uso de estándares
	Descripción adecuada de los contenidos y las oportunidades de aprendizaje
Pruebas y verificación	Funcionamiento correcto para el volumen de usuarios
	Robustez
Comunicación efectiva	Mantener informado al estudiante sobre:
	objetivos del aprendizaje
	características de accesibilidad
	infraestructura técnica requerida
	licencias o derechos de uso

Tabla 5.2. Principios de calidad de recursos e-learning

5.1.3 Plataformas de *e-learning*

Como se verá, las plataformas tecnológicas son básicas para la puesta en marcha de una solución de *e-learning* y la elección de la plataforma adecuada es un proceso complicado, en el que deben tenerse en cuenta multitud de aspectos y del que depende en gran medida el éxito o fracaso del proyecto. Este tema ya se ha tratado en un capítulo anterior, aunque se hará hincapié en el hecho de que cada organización debe realizar su elección basándose, por un lado, en sus necesidades, su contexto y sus recursos tecnológicos, humanos y económicos y, por otro, en las características de las plataformas disponibles.

5.1.4 Aproximaciones basadas en la gestión de la calidad

En la ISO 9000 se define la calidad como "la habilidad de un conjunto de características de un producto, sistema o proceso para cumplir con los requerimientos de clientes y otras partes interesadas".

Por tanto, abordar el *e-learning* bajo el enfoque de la evaluación de la calidad supone evaluar, entre otros elementos, la visión estratégica de la organización y los métodos de gestión que deberán perseguir la mejora continua, la búsqueda de la eficacia y la eficiencia. Para ello, y dada la estrategia global de este enfoque, se evalúan no sólo los resultados sino todos los elementos que intervienen en el funcionamiento de la institución educativa como son los procesos, la estrategia o los recursos.

Dos de las aproximaciones de calidad más utilizadas en las últimas décadas, son la EFQM y la ISO 9000. Ambas tienen como principal destinatario las empresas de carácter industrial aunque se han ido adaptando también a otras áreas de servicios. Sin embargo, resultan demasiado genéricas y, precisamente por ello, adolecen de ciertas carencias a la hora de evaluar la calidad de procesos educativos: problemas en la interpretación de normas inicialmente diseñadas para industria o falta de atención sobre temas específicos de educación. Esto ha hecho necesario que se desarrollen propuestas de calidad enfocadas exclusivamente a formación y más concretamente propuestas de calidad para formación basada en *e-learning*, como es el caso de la norma DIN PAS 1032-1 de la Agencia Alemana de Normalización.

La norma DIN PAS 1032-1 plantea un modelo de calidad que sigue el ciclo de vida de una experiencia *e-learning* (ver Tabla 5.4). Este ciclo comienza por el análisis de necesidades y del contexto. Cada uno de estos procesos contiene subprocesos que detallan actividades como la definición de objetivos o el análisis del contexto externo. A continuación aparecen las etapas de diseño y desarrollo en las que se describen, por ejemplo, aspectos técnicos de diseño o el desarrollo de elementos multimedia. El siguiente proceso es el de la implementación o puesta en marcha. Y por último el proceso de aprendizaje o formación y la evaluación.

Proceso	Subprocesos
Análisis de necesidades	Identificación de interesados
	Definición de objetivos (estratégicos, tácticos, operativos)
	Análisis de peticiones

Análisis del contexto	Análisis del contexto externo
	Análisis de los recursos humanos
	Análisis de usuarios objetivo
	Análisis del contexto organizacional e institucional
	Planificación de plazos y presupuesto
	Análisis del entorno
Concepción / Diseño	Objetivos de aprendizaje
	Aspectos de contenidos
	Métodos didácticos
	Perfiles y actividades
	Aspectos organizacionales
	Aspectos técnicos
	Aspectos de diseño interactivo
	Aspectos multimedia
	Aspectos de comunicación
	Aspectos de test y evaluación
	Aspectos de mantenimiento
Desarrollo / Producción	Desarrollo de contenidos
	Desarrollo del diseño
	Desarrollo de elementos multimedia
	Desarrollo de aspectos técnicos
	Mantenimiento

Implementación	Prueba de recursos de aprendizaje
	Adaptación de recursos
	Activación de recursos
	Utilización de los recursos
	Infraestructura técnica
Proceso de aprendizaje	Administración
	Actividades
	Revisión de niveles de competencia
Evaluación / Optimización	Planificación
	Realización
	Análisis
	Optimización y mejoras

Tabla 5.4. Modelo de procesos del DIN PAS 1032-1

Esta propuesta desarrolla además un catálogo de criterios de calidad denominado *Reference Quality Criteria* (RQC). Este catálogo contiene 480 criterios o recomendaciones estructurados en secciones (ver Tabla 5.5). La sección n.º 1 no aparece en la tabla porque hace referencia a criterios de diseño del software de otras normas (por ejemplo de la norma ISO 9241 Requisitos ergonómicos del *software*, criterios como visualización, colores, diseño de diálogos, etc.).

No todos los criterios son directamente evaluables, algunos de ellos son criterios descriptivos.

N.º Sección	Sección	N.º Criterios
2	Condiciones Generales	101
3	Aspectos Técnicos	103

4	Almacenamiento y procesamiento de datos	37
5	Funcionalidades	69
6	Aspectos teóricos	80
7	Codificación de la información	59
8	Modos especiales de presentación	31
	Total	480

Tabla 5.5. Secciones del catálogo RQC

La Tabla 5.6 muestra un ejemplo de uno de los criterios planteados. El ejemplo corresponde al criterio 5.4.2.4 (Sección 5, Funcionalidades; Subsección 4, Comunicación; Subsubsección 2, Comunicación asíncrona).

Nº.	5.4.2.4
Criterio	Apoyo en la comunicación asíncrona para permitir al alumno compartir o publicar información
Descripción	¿Qué tipos de datos pueden ser publicados /compartidos por los alumnos? ¿Para qué tipo de datos se ofrecen herramientas de publicación?
Valor	a) selección (ninguna, texto plano, texto formateado, imagen, audio, vídeo, otros) b) selección (ninguna, para texto plano, para texto formateado, para páginas web, edición de imágenes, edición de vídeo, otros)
Comentarios	La posibilidad de compartir diferentes tipos de datos entre los alumnos mejora la comunicación y el proceso de aprendizaje, especialmente para estilos de aprendizaje orientados a grupo o proyecto. Las herramientas de autor y de publicación facilitan el intercambio de información entre alumnos. Pueden evitarse conflictos de formatos de datos cuando los alumnos usan las herramientas ofrecidas por el producto de aprendizaje.

Tabla 5.6. Ejemplo de criterio de calidad del RQC

5.1.5 Aproximaciones basadas en el *benchmarking*

El *benchmarking* es una técnica utilizada originalmente para medir el rendimiento de un sistema informático comparándolo con algún parámetro de referencia. Con el tiempo se ha aplicado a mediciones o valoraciones de distintos procesos, por ejemplo experiencias *e-learning*. La tarea más complicada de la aplicación de esta técnica es la elección de los *benchmark,* es decir elegir los criterios o indicadores que se medirán para valorar cada experiencia y comparar los resultados.

Un ejemplo de este tipo de aproximaciones es la propuesta QoL (Quality on the Line). Este proyecto fue elaborado por el Instituto para la Política de la Educación Superior en Estados Unidos (2009). QoL identifica 24 *benchmarks* o parámetros considerados esenciales para asegurar la excelencia en el aprendizaje basado en educación a distancia.

Inicialmente se seleccionaron 45 indicadores, que se plantearon a seis universidades americanas con experiencia en *e-learning* (cuestionarios con escala Likert 0-5). Una vez recogida esta información se realizaron entrevistas con los implicados de cada universidad y tras un análisis cuantitativo (de los cuestionarios) y cualitativo (de las entrevistas) se descartaron algunos indicadores quedándose finalmente 24.

Los indicadores se han clasificado en siete categorías:

–   Apoyo Institucional. Indicadores que incluyen las actividades organizadas en la institución para asegurar y mantener la calidad en la educación a distancia así como las políticas que impulsan el *e-learning*. Hacen referencia a temas de infraestructura tecnológica, planes tecnológicos e incentivos profesionales para el profesorado.

–   Desarrollo del Curso. Indicadores relacionados con el desarrollo del curso, generados tanto por los profesores o departamentos como por expertos en la materia de la organización o de empresas comerciales.

–   Proceso de Enseñanza/Aprendizaje. Indicadores relacionados con actividades pedagógicas (interactividad, colaboración o aprendizaje modular).

–   Estructura del Curso. Indicadores referidos a las estrategias y procedimientos que respaldan los procesos de enseñanza/aprendizaje. Incluyen objetivos del curso, disponibilidad de los recursos de biblioteca, tipos de materiales que se entrega a los estudiantes, tiempo de respuesta a estudiantes y expectativas del estudiante.

–   Apoyo al Estudiante. Esta categoría incluye los indicadores referidos a los servicios que se ofrecen a los estudiantes en un campus universitario (matrículas, becas, etc.) y la formación o asistencia técnica en el uso de tecnologías.

–   Apoyo al Profesorado. Indicadores referidos a actividades para ayudar al profesorado en la enseñanza *on-line* (incluyendo políticas de transición al nuevo tipo de enseñanza) y asistencia continua durante todo el proceso de enseñanza.

–   Evaluación y Valoración. Indicadores relacionados con las políticas y procedimientos para evaluar la educación a distancia basada en Internet (incluido la recogida de datos y el análisis de resultados).

5.2 HERRAMIENTAS DE EVALUACIÓN

En Ejarque, Buendía y Hervás (2007) se propone un método que permite realizar una evaluación estructurada, sistemática, adaptable a cada contexto y a las necesidades específicas de cada situación.

La evaluación se basa en tres elementos básicos que podrán ser seleccionados y personalizados por el evaluador durante el diseño de la evaluación. El primero de ellos es el escenario de aprendizaje. Este elemento permite ubicar la evaluación en un contexto determinado. Se define como un conjunto de objetivos, prerrequisitos, participantes, recursos, métodos y actividades que caracterizan el aprendizaje en un contexto específico (carrera, curso, tema). La Tabla 5.7 muestra la descripción de algunos de los elementos del escenario.

Elementos que definen el escenario	Descripción
Objetivos	Finalidades que persigue el proceso de aprendizaje
Prerrequisitos	Condiciones necesarias para abordar el aprendizaje
Participantes	Usuarios que participan en el proceso
Recursos	Materiales y contenidos didácticos utilizados en el proceso de formación
Métodos	Técnicas y mecanismos pedagógicos aplicados en el proceso formativo
Actividades	Tareas y acciones a realizar durante el proceso de formación

Tabla 5.7. Descripción de los elementos que definen el escenario

El segundo elemento es la etapa del *ciclo de vida* del proceso educativo que se desea evaluar y se define como la secuencia de tareas que se llevan a cabo en una experiencia basada en *e-learning*. Tras la revisión de la literatura que se ha resumido en los puntos anteriores, se ha seleccionado la propuesta de Gestión de Calidad de de la CWA 14644 (2007) para definir y manejar las etapas que caracterizan estas experiencias educativas. Esta propuesta define las siguientes fases dentro del ciclo de vida de una experiencia *e-learning*:

- Planificación estratégica, dirigida al análisis de requisitos (necesidades de aprendizaje, preferencias de los estudiantes) y decisiones acerca de grupo destinatario, objetivos de aprendizaje o propuestas de garantía de calidad.

- Programa, analiza los contenidos del currículo, planificación de actividades, métodos de enseñanza y aprendizaje y forma de evaluación.

- Diseño del curso, preparación de los materiales del curso, diseño de actividades, selección de las plataformas que serán usadas durante el curso.

- Desarrollo o puesta en marcha del curso, abarca el desarrollo del curso desde su puesta en marcha y planificación de actividades hasta la evaluación final del curso incluyendo todas las tareas intermedias.

- Apoyo al estudiante, proporciona las guías para el uso de los recursos de aprendizaje, asistencia en el manejo de las plataformas o la monitorización de su rendimiento.

- Apoyo al profesor, proporciona apoyo didáctico y tecnológico, formación en métodos de enseñanza *on-line* o motivación de los estudiantes usando las plataformas de aprendizaje.

Por último, el tercer elemento corresponde a los *criterios de calidad* que permiten valorar cada una de las fases del ciclo de vida. Estos criterios de calidad están agrupados en *asuntos de evaluación*. La Tabla 5.8 muestra un ejemplo de los asuntos de evaluación y criterios de calidad de la etapa de Diseño del curso.

Etapa Ciclo de Vida	Asunto de Evaluación	Criterios de Calidad
Diseño del curso	Herramientas de autor	Elección adecuada al contexto
		Facilidad de uso
		Cumplimiento de estándares de contenidos
		Características de diseño
	Infraestructura técnica	Integración de la plataforma *e-learning*
		Requisitos técnicos
		Fiabilidad
		Seguridad
		Privacidad
		Recuperación en caso de fallos
		Monitorización
		Rendimiento y mantenimiento
	Diseño de recursos	Formato de materiales
		Precisión y completitud de los materiales
		Exposición clara y estructurada
		Multimedia
		Interactividad
		Bibliografía y enlaces web

Tabla 5.8. Criterios de calidad de la etapa de Diseño del curso

Estos tres elementos claves en la evaluación (escenario, ciclo de vida y criterios de calidad) quedan de esta forma interrelacionados de manera que pueden ser representados por las 3 dimensiones del cubo de la Figura 5.1. La evaluación se diseña mediante la caracterización del escenario en que se ubica el proceso educativo, la selección de la fase o las fases del ciclo de vida que interesa evaluar y la selección de los asuntos de evaluación y criterios de calidad que interesen en cada fase. Los criterios de calidad elegidos para la evaluación dependerán de la fase o fases del ciclo de vida y del escenario de aprendizaje.

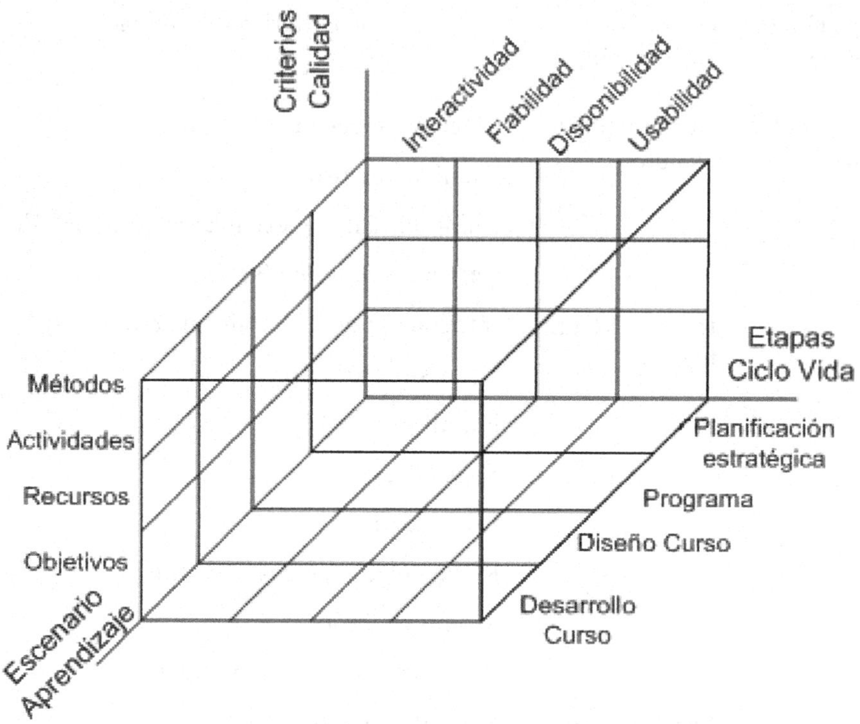

Figura 5.1. Cubo de componentes del método de evaluación

Se está desarrollando una herramienta web que permitirá realizar la evaluación con facilidad siguiendo este método. La herramienta facilitará cada uno de los pasos de la evaluación mostrando una secuencia de acciones a realizar y lo que permite la selección mediante un simple *clic* de los parámetros que configurarán la evaluación. Se enumeran a continuación estos pasos:

- PASO 1: Configurar el escenario de aprendizaje.

- PASO 2: Seleccionar las etapas del ciclo de vida a evaluar.

- PASO 3: Definir los asuntos de evaluación y los criterios de calidad.

- PASO 4: Seleccionar la/s técnica/s de evaluación.

- PASO 5: Elaborar los procedimientos de captura de datos.

- PASO 6: Realizar la experiencia de evaluación.

- PASO 7: Analizar los resultados.

La Figura 5.2 muestra un la herramienta web que permite gestionar cada uno de los casos de evaluación que se han utilizado para probar el método.

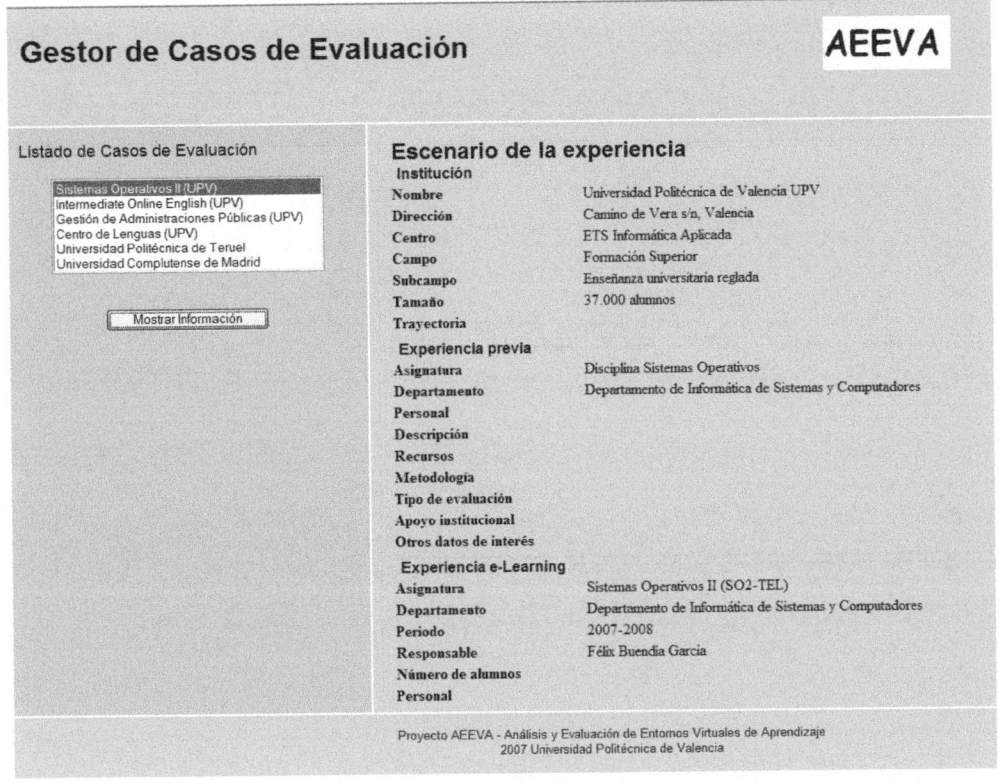

Figura 5.2. Herramienta web para gestionar los casos de estudio

PARTE III: DIMENSIÓN TECNOLÓGICA

Capítulo 6

PLATAFORMAS DE *E-LEARNING*

Las plataformas de *e-learning* son el conjunto de tecnologías y herramientas, tanto *hardware* como (sobre todo) *software*, que soportan las funcionalidades necesarias para llevar a cabo acciones formativas *on-line*.

6.1 COMPONENTES DE UNA PLATAFORMA DE *E-LEARNING*

Antes de pasar a estudiar con cierto detalle los criterios a tener en cuenta a la hora de seleccionar una plataforma de *e-learning*, vale la pena detenerse a comprender, desde el punto de vista funcional, cuáles y cómo son los bloques en los que está constituida, si bien en la realidad, estos bloques funcionales difícilmente están marcados por una frontera tan clara.

En general, en una solución de *e-learning* genérica es posible encontrar cinco bloques funcionales (ver Figura 6.1):

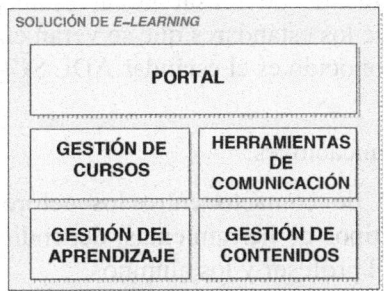

Figura 6.1. Componentes de una solución de e-learning

– Portal: es el encargado de mostrar los contenidos a los usuarios y de interaccionar con ellos. Hoy en día, el portal debe ser capaz de soportar varios canales de comunicación con el fin de llegar a sus usuarios a través del canal que elijan, independientemente de su situación y del dispositivo que empleen. Será el portal el módulo encargado, por ejemplo, de conseguir que el mismo contenido sea visible en un ordenador y en la pantalla de una PDA (Personal Digital Assistant).

– Sistema de Gestión administrativa de cursos (CAMS, Course Administration Management System): por un lado, se encarga de la publicación de los cursos y, por otro, engloba los aspectos administrativos relacionados con los cursos, tales como las altas y bajas de usuarios o la generación de informes.

– Sistema de gestión del aprendizaje (LMS, Learning Management System): su responsabilidad es que los contenidos y las herramientas de comunicación favorezcan el proceso de aprendizaje y consigan la eficacia del proceso formativo y, además, se encarga del control de actividad de cada usuario (resultados de los tests, evaluaciones, accesos al material formativo, etc.).

– Sistema de gestión de contenidos (LCMS, Learning Content Management System): también recibe el nombre *courseware* y está formado por el conjunto de herramientas necesarias para manejar los contenidos de aprendizaje. Es un sistema independiente del LMS, aunque está íntimamente relacionado con él.

Un aspecto importante en la gestión de contenidos es la generación de los mismos mediante las llamadas herramientas de autor. Una herramienta de autor permite el diseño de los contenidos, las evaluaciones, los itinerarios formativos, los ejercicios propuestos a los alumnos, etc. La opción más común es que la herramienta de autor se encuentre totalmente integrada en la plataforma de *e-learning*. Sin embargo, existen casos en los que la herramienta de autor se instala en el ordenador del profesor como cualquier otra aplicación *software* y se dispone de alguna utilidad para la exportación de los contenidos.

En un entorno tecnológico como el actual, resulta muy conveniente que cumplan con los requisitos de reusabilidad, estandarización y portabilidad marcados por alguno de los estándares que se verán en el capítulo siguiente. De todos ellos, el más reconocido es el estándar ADL SCORM.

– Herramientas de comunicaciones.

Son el medio de contacto entre los actores participantes en el *e-learning*. Existen dos tipos de herramientas, dependiendo de la coincidencia o no en el tiempo entre el profesor y los alumnos.

Las herramientas síncronas son las que hacen posible la comunicación en tiempo real entre alumnos y profesores. Dos ejemplos son la videoconferencia y las herramientas de trabajo colaborativo. Por su parte, las herramientas asíncronas soportan comunicaciones en tiempo diferido y pese a que no permiten la interacción directa con el resto de participantes, tienen la ventaja de que sus aportaciones quedan registradas para su uso bajo demanda. Ejemplos son el correo electrónico o la agenda compartida.

6.2 PLATAFORMAS EXISTENTES: ESTADO DEL ARTE

La gama de plataformas que tenemos es enorme pero, no nos engañemos, sólo podemos evaluar, con suerte, unas pocas. Para seleccionarlas conviene seguir un proceso ordenado.

Evidentemente, a la hora de seleccionar una plataforma se han de establecer previamente los objetivos del proyecto y, a partir de ellos, determinar los criterios para efectuar una criba inicial resultado de una selección gruesa. El modelo pedagógico, el entorno formativo, el tamaño del proyecto y los materiales que configurarán los contenidos deberán jugar un papel primordial en esta elección. Otros criterios en esta selección gruesa pueden ser la documentación existente sobre la misma (aspecto éste muy importante, sobre todo si se trata de una plataforma *open source*), si está funcionando en alguna institución del entorno, información obtenida de revistas (A-HEC) o páginas web especializadas (GATE o Edutools), etc. En cualquier caso, el resultado será un número reducido de plataformas (dos o tres, como mucho) que se someterán a una selección fina que reducirá, todavía más, este conjunto. En este caso, los criterios de selección son mucho más específicos de la institución: arquitectura tecnológica, bases de datos, criterios pedagógicos, etc. El objetivo es quedarse con una o dos plataformas que serán las que se instalarán y probarán y de entre las cuales se seleccionará la plataforma elegida.

En cuanto a los criterios de selección fina, no hay que olvidar los siguientes:

– Internacionalización: es la capacidad de la plataforma para "hablar" varios idiomas de manera indistinta. Hay que comprobar que el LMS que se seleccione incluya soporte total para los idiomas que interesan en las herramientas que interesan. Sería un error escoger una solamente porque el valor añadido que ofrece es que tiene un módulo que no utilizo en un idioma que no me interesa. Por ello, resulta crítico probar las plataformas en los idiomas que se vayan a utilizar y probarlas a fondo.

–   Integración con otras aplicaciones: a menudo, sobre todo si se trata de una organización relativamente grande (como es el caso de una universidad), la plataforma de e-learning debe integrarse con otras aplicaciones (intranet, matriculación, ERP, etc.). Este punto es crítico puesto que una mala decisión puede complicarnos la vida en un futuro.

–   Operación y mantenimiento: las plataformas de e-learning, para que funcionen correctamente, hay que mantenerlas esto es, habrá que diseñar mecanismos de respaldo, de seguridad, etc.

–   Formación del personal: si el personal técnico de la organización no conoce una determinada tecnología y en su programa formativo no está contemplado el que la aprendan, conviene plantearse descartar las plataformas que se basen en dicha tecnología.

–   Evolución de las plataformas: no todas evolucionan a la misma velocidad y con el mismo cuidado. No hemos de olvidar que el mercado del *e-learning* está floreciendo y por ello, cada día aparecen nuevas herramientas que se presentan como útiles para el proceso de formación (*podcast*, videoconferencia, blogs, wikis, etc.). De igual modo, resulta interesante saber cómo de activa es la comunidad de usuarios de cada una de las plataformas, especialmente si se trata de aplicaciones de código abierto, como es el caso de Sakai y Moodle.

Con el fin de centrar nuestro estudio en un conjunto razonable de plataformas de e-learning, consideraremos únicamente las implantadas en las universidades españolas, que quedan recogidas en un estudio denominado "Plataformas de campus virtuales de *software* libre: Análisis comparativo de la situación actual en las universidades españolas" (Prendes, 2009). Por otra parte, centraremos nuestra atención en las plataformas *open source* y *free software*, en cualquiera de sus variedades, puesto que son las que más rápidamente se están extendiendo en ciertos entornos, como es el caso del universitario.

Teniendo esto en cuenta estudiaremos las siguientes plataformas:

–   Sakai.

El consorcio uPortal y cuatro universidades norteamericanas (Indiana, Michigan, MIT y Stanford) han puesto en marcha una iniciativa para integrar las funcionalidades de un entorno virtual de *e-learning* en un  portal institucional. La esencia de Sakai es la estandarización, de hecho, una de sus condiciones de partida fue respetar el estándar OKI (*Open Knowledge Initiative*) para el empaquetamiento de contenidos. El objetivo es crear un entorno colaborativo de aprendizaje en el que se integre un sistema de gestión de cursos con sofisticadas herramientas de evaluación, junto con un sistema de soporte a la colaboración y herramientas de portabilidad. Este núcleo de aplicaciones se complementa con herramientas que se podrán desarrollar según un estándar.

- dotLRN.

dotLRN es una plataforma desarrollada inicialmente por el MIT y que en la actualidad está respaldada por un consorcio mundial de instituciones educativas, organizaciones sin ánimo de lucro, empresas y desarrolladores de *software* libre. Tiene capacidades de gestión de cursos, comunidades *on-line*, gestión de contenidos y del aprendizaje.

- Moodle.

Moodle es un LCMS (*Learning Content Management System*) diseñado para ayudar al profesor a crear fácilmente cursos *on-line*. Está diseñado de manera modular y permite una gran flexibilidad para agregar funcionalidades en muchos niveles. Uno de los aspectos más característicos de Moodle es el que promueve una pedagogía constructivista social basada en la colaboración, las actividades y la reflexión crítica.

Ahora que ya disponemos de un reducido número de plataformas pasaremos a analizar cada una de ellas de una manera un poco más exhaustiva. Veremos las necesidades técnicas que requieren, las características que poseen, las herramientas disponibles, etc.

6.2.1 Características generales: comparativa

La Tabla 6.1 resume la comparativa de las plataformas bajo estudio en cuanto a las características generales se refiere:

Características	Sakai	Moodle	dotLRN
Internacionalización	👍	👍	👌
Accesibilidad	👎	👎	👌
Personalización del entorno	👍	👍	👍

| Compatibilidad con estándares | | | |
| Escalabilidad | | | |

Tabla 6.1. Características generales: comparativa

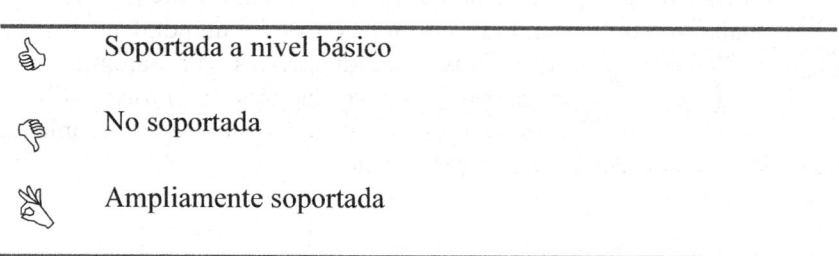

👍 Soportada a nivel básico

👎 No soportada

👌 Ampliamente soportada

6.2.2 Herramientas de las plataformas

Las plataformas de *e-learning* actuales ofrecen un gran número de funcionalidades. Para agruparlas seguiremos la clasificación propuesta por Josep Boneu (2007) y que distingue las siguientes categorías de herramientas:

– Herramientas orientadas al aprendizaje:

- Foros de discusión.

- Buscador de foros.

- E-portafolio o portafolio digital o electrónico.

- Intercambio de archivos entre profesores y alumnos, entre profesores o entre alumnos entre sí.

- Soporte de múltiples formatos (HTML, Word, Excel, Acrobat, etc.).

- Herramientas de comunicación síncrona (chat, mensajería instantánea) para el intercambio de mensajes entre los participantes.

- Herramienta de comunicación asíncrona (correo electrónico o mensajería interna).

- Servicios de presentación multimedia (videoconferencia, vídeo, pizarra electrónica, etc.).

- Bitácoras o *blogs*.

- *Wikis*.

Característica	Sakai	Moodle	dotRLN
Foros de discusión	👌	👌	👌
Buscador de foros	👎		👎
E-portafolio	👍	👍	👎
Intercambio de archivos	👍	👍	👍
Soporte de múltiples formatos	👌	👌	👌
Chat	👌	👌	👌
Mensajería interna	👌	👌	
Videoconferencia	👍		
Pizarra electrónica	👎		
Video streaming	👎		
Bitácora o *blogs*	👌		👍
Wiki	👌		👎

Tabla 6.2. Comparativa: herramientas orientadas al aprendizaje

– Herramientas orientadas a la productividad:

- Anotaciones personales o favoritas.

- Utilidades de calendario que permiten al estudiante planificarse con relación a las actividades de un curso.

- Ayuda en el uso de la plataforma.

- Buscador de cursos.

- Mecanismos de sincronización y trabajo *off-line*.

- Control de publicación, páginas caducadas y enlaces rotos.

- Noticias.

- Avisos de actualización de páginas, mensajes a foros y envío automático.

- Sindicación de contenidos (RSS,11 News, PodCast, etc.).

Característica	Sakai	Moodle	dotLRN
Anotaciones personales	👎		
Calendario	👌	👌	👌
Ayuda en el uso de la plataforma	👌		👍
Buscador de cursos	👌	👌	👌
Mecanismos de sincronización y trabajo *off-line*	👎		
Control de publicación, páginas caducadas y enlaces rotos	👎		
Noticias	👌	👌	👌
Avisos	👌	👌	👌
Sindicación de contenidos	👌	👌	👌

Tabla 6.3. Comparativa: herramientas orientadas a la productividad

– Herramientas para la implicación de los estudiantes.

   – Grupos de trabajo.

   – Autoevaluaciones.

   – Perfil del estudiante y redes sociales.

Característica	Sakai	Moodle	dotLRN
Grupos de trabajo	👌		👍
Autoevaluaciones	👌		👌
Redes sociales	👎		

Tabla 6.4. Comparativa: herramientas para la implicación de los estudiantes

– Herramientas de soporte.

• Autenticación de usuarios.

• Asignación de privilegios en función del rol del usuario.

• Registro de estudiantes manual (por suscripción) o automático (sistema de matriculación externo).

• Auditoría y estadísticas

Característica	Sakai	Moodle	dotLrn
Autenticación de usuarios	👌		👌
Asignación de privilegios	👌		👌
Registro automático de los usuarios	👌		👌
Registro manual de los usuarios	👌		👌
Auditoría y estadísticas	👌		👌

Tabla 6.5. Comparativa: herramientas de soporte

– Herramientas destinadas a la publicación de cursos y contenidos:

- Test y resultados automatizados.

- Administración del curso.

- Libro de calificaciones.

- Seguimiento del estudiante.

Característica	Sakai	Moodle	dotLrn
Test y resultados automatizados	👌	👌	👌
Administración del curso	👌	👌	👌
Libro de calificaciones	👌	👌	👌
Seguimiento del estudiante	👍	👍	👍

Tabla 6.6. Comparativa: herramientas de publicación

– Herramientas para el diseño de planes de estudio.

- Reutilización y compartición de contenidos.

- Plantillas de curso.

- Administración del currículum.

- Herramientas para el diseño de la educación.

Característica	Sakai	Moodle	dotLrn
Reutilización y compartición de contenidos	👍		
Plantillas de curso	👍		

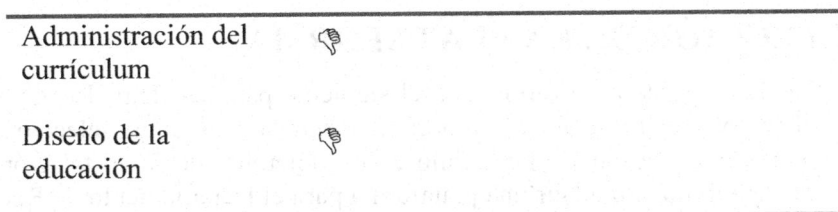

Administración del currículum	☞	
Diseño de la educación	☞	

Tabla 6.7. Comparativa: herramientas para el diseño de planes de estudio

– Sistemas para la gestión del conocimiento en el ámbito educativo. Según la orientación que tienen, pueden ser:

- Sistemas de trabajo colaborativo.
- Sistemas mediadores de información.
- Librerías digitales o repositorios.
- Sistemas basados en ontologías.
- Sistemas basados en folcsonomías.

Características	Sakai	Moodle	dotLrn
Trabajo colaborativo	👍	👍	✋
Mediadores de información	👎		
Repositorios de contenidos	👎		
Ontologías	👎		
Folcsonomías	👎		

Tabla 6.8. Comparativa: herramientas para la gestión del conocimiento

6.3 SELECCIÓN DE LA PLATAFORMA

Tras la recogida de información, el siguiente paso es elegir la plataforma que consideremos más adecuada. A la hora de llevar a cabo dicha selección, va a ser muy importante ajustarse al máximo a los objetivos de la instalación. Por ejemplo, no será lo mismo elegir una plataforma para el Departamento de Recursos Humanos de una empresa con 100 trabajadores que para una universidad con varios miles de alumnos.

Tampoco hay que perder de vista otras consideraciones externas a la propia plataforma de *e-learning* pero que resultan determinantes a la hora de tomar una decisión definitiva.

Capítulo 7

ESTÁNDARES DE *E-LEARNING*

Un estándar es un conjunto de reglas o normas creado para uso común que sirven para definir las características de productos, servicios o procesos. Generalmente, son de aplicación voluntaria, aunque hay algunos de obligado cumplimiento porque así lo establece alguna ley. Los estándares sólo pueden ser elaborados por organizaciones reconocidas y acreditadas a nivel internacional a este efecto. Tal es el caso de IEEE, ISO o ANSI. Por otra parte, una especificación es una descripción documentada, elaborada por algún comité no acreditado como IETF (*Internet Engineering Task Force*), W3C u OMG (*Object Management Group*). Únicamente algunas de las especificaciones se convertirán en un estándar.

Objetivo	Descripción
Interoperabilidad	Intercambio de componentes desarrollados por entidades diferentes, en plataformas distintas y diversas herramientas.
Durabilidad	Garantía de que la tecnología desarrollada respetando el estándar será duradera y evitará que, de forma rápida, los cursos queden obsoletos.
Accesibilidad	Seguimiento de los progresos de los estudiantes y conexión a la plataforma independientemente del dispositivo y del canal empleado.

Reusabilidad	Los cursos y objetos de aprendizaje podrán ser reutilizados con diferentes herramientas y en distintas plataformas.
Viabilidad	Aumento de la eficiencia y la eficacia, a la vez que se reducen costes económicos y temporales.
Pedagogía	Incorporación de diversas metodologías didácticas *on-line* que fortalezcan y motiven la relación entre profesores y estudiantes.

Figura 7.1. Objetivos de la estandarización

En realidad, no existe un proceso establecido en la formulación de un estándar (Milligan *et al.*, 2002), si bien suelen seguir los pasos recogidos en la Figura 7.2. Como resultado de la investigación de un determinado problema, se elabora una especificación que documenta la solución a dicho problema y que describe su implementación. El siguiente paso se centra en la evaluación del funcionamiento de la misma y, si ésta fuera satisfactoria, la acreditación de la especificación y su consideración como estándar internacional (si es el caso).

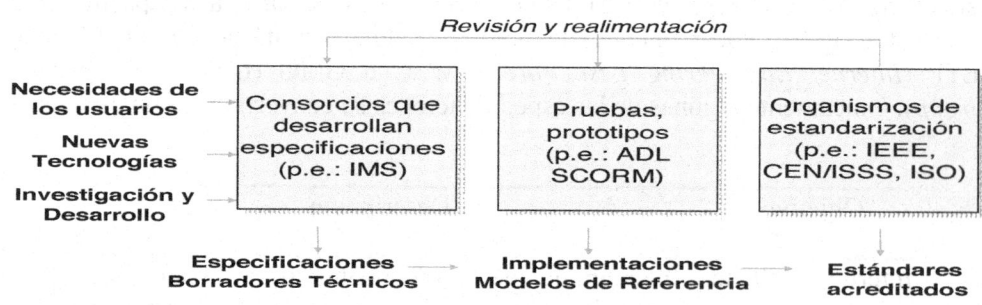

Figura 7.2. Proceso de elaboración de un estándar

Tradicionalmente, el sector del *e-learning* se ha caracterizado por una falta de estándares y especificaciones ampliamente aceptados que garanticen la accesibilidad, la interoperabilidad y la reutilización de materiales didácticos. Sin embargo, en los últimos años se han consolidado diversas iniciativas de definición de marcos comunes de trabajo para la generación, empaquetamiento y distribución de contenido desde el punto de vista de los actores implicados.

A medida que el *e-learning* continúe creciendo, los estándares irán cobrando, si cabe, todavía más importancia. En efecto, una industria que no adopte estándares se estancará y una empresa cuyos productos no cumplan con los estándares optará a un mercado menor (Milligan *et al.*, 2002).

7.1 TIPOS DE ESTÁNDARES

Además de los estándares propios de las tecnologías Internet, es posible encontrar estándares específicos de esta materia que hacen referencia, fundamentalmente, a los contenidos, a los estudiantes y a la interoperabilidad (ver Figura 7.3):

– Estándares sobre el contenido:

- Metadatos: los contenidos de aprendizaje deben estar etiquetados convenientemente para soportar la indexación, el almacenamiento, la búsqueda y la obtención de dichos objetos en múltiples repositorios. Los datos empleados para conseguirlo reciben el nombre de metadatos.

- Empaquetado de contenidos: hace referencia al agrupamiento y descripción de los elementos de un curso de manera que se permita el intercambio de cursos entre sistemas de aprendizaje distintos. Este aspecto resulta crucial, puesto que un contenido de aprendizaje puede ser creado por una herramienta, modificado por otra, almacenado en el repositorio de contenidos de un proveedor y entregado por el sistema de otro vendedor. Los paquetes de contenidos incluyen tanto los objetos de conocimiento o LO, como información de cómo deben estructurarse para formar unidades de aprendizaje mayores. También pueden especificar las reglas necesarias para la entrega del contenido a los estudiantes.

- Comunicación del contenido: una vez que se ha lanzado el contenido y se ha hecho llegar al estudiante, a medida que éste interactúa con dicho contenido va generando información de actividad (resultados, puntuaciones, etc.).

– Estándares sobre el estudiante:

- Perfil del estudiante: los estándares de segmentación de estudiantes permiten a los diferentes componentes del sistema compartir información sobre los estudiantes. La información contenida en el perfil del estudiante incluye sus datos personales, sus planes de aprendizaje, su historial, sus requisitos de accesibilidad, sus titulaciones y certificaciones, sus competencias, etc.

- Registro de estudiantes: permite la entrega y la administración de componentes con el fin de determinar qué contenidos deben estar disponibles para un estudiante concreto y proporciona información a los estudiantes sobre cómo deben acceder al contenido.

– Estándares sobre la interoperabilidad:

- Arquitectura: define los componentes de la solución de *e-learning* de manera que éstos puedan intercambiarse entre plataformas de tecnologías y procedencias distintas.

- API (Application Programming Interface): permiten el desarrollo de aplicaciones y servicios sobre la solución de *e-learning* con el fin de ampliar sus funcionalidades y/o particularizarlas para algún caso concreto.

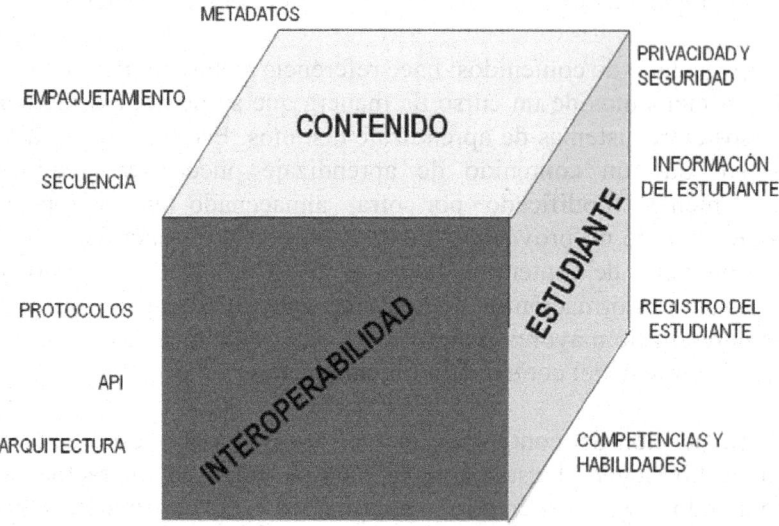

Figura 7.3. Estándares de e-learning

Existe una gran variedad de iniciativas de estandarización, aunque no todas ellas tienen ni el mismo impacto ni el mismo nivel de aceptación, por lo que esta obra se centrará únicamente en las más extendidas. Dicho esto, se estudiarán las especificaciones del IMS, el modelo de referencia SCORM de ADL y la propuesta de metadatos para objetos de aprendizaje del IEEE LTSC.

7.2 IMS

IMS (Instruction Management Systems) es un consorcio formado por vendedores, productores, implementadores y consumidores de *e-learning*, el cual se enfoca completamente a promover especificaciones abiertas que faciliten la interoperabilidad en todos los ámbitos de la formación *on-line*.

Las especificaciones IMS cubren un amplio rango de características que pretenden hacer interoperables plataformas, y que van desde los metadatos, la interoperabilidad de intercambiar el diseño instruccional entre plataformas, hasta la creación de cursos *on-line* para estudiantes que tengan alguna discapacidad visual, auditiva o de otro tipo.

En general, una especificación IMS se divide en tres partes. En primer lugar, una guía de implementación y buenas prácticas en la que se incluyen ejemplos, relaciones con otras especificaciones, etc. Además, se encuentra el modelo de información en el que se describen los datos empleados y su estructura. Finalmente, el documento de enlace en la que se indica, para los datos y la estructura anteriores, cuál es su representación en formato XML.

Las especificaciones elaboradas por el IMS se agrupan en tres categorías:

– Especificaciones usadas para describir, descubrir e intercambiar contenidos.

Son las siguientes:

- *IMS Learning Resources Metadata Specifications.*

  Define cómo deben etiquetarse los recursos de aprendizaje con el fin de poder intercambiarlos entre distintos LMS, realizar búsquedas con herramientas capaces de interpretar estos metadatos, etc.

  La especificación para metadatos del IMS consta de tres documentos: IMS Learning Resource Metadata Information Model, IMS Learning Resource XML Binding Specifications, IMS Learning Resource Metadata Best Practices y Implementation Guide.

- *IMS Content Packaging Specification.*

    Describe los medios de empaquetamiento de material de aprendizaje en unidades de mayor entidad denominadas paquetes. Estos paquetes son portables de modo que es posible reutilizar el material en distintas plataformas. Un paquete puede representar un curso, una lección, un módulo o una colección de objetos que no se asimila con ningún nivel concreto.

    Junto con los contenidos propiamente dichos, se incluye un fichero en formato XML (imsmanifest.xml) que contiene la descripción de los contenidos, su estructura y los recursos necesarios para desplegar el curso. Leyendo este fichero, cualquier LMS compatible con el estándar será capaz de utilizar el curso.

- *IMS Question & Test Specification.*

    Propone una estructura de datos basada en XML que indica cómo especificar preguntas de exámenes *on-line*. Su objetivo es permitir el intercambio de estos exámenes entre distintos LMS.

- *IMS Digital Repositories.*

    Un repositorio digital es una colección de contenidos. Para poder reutilizar estos contenidos es necesario conocer cómo invocarlos y, a su vez, cómo publicarlos para que puedan ser invocados. Todos estos aspectos son los recogidos por esta especificación.

– Especificaciones para la interacción con el contenido y el seguimiento:

- *IMS Simple Sequencing.*

    Indica el flujo de navegación de los estudiantes por los objetos de aprendizaje, es decir, el orden en que aquéllos accederán a dichos objetos en función del resultado de su interacción con éstos.

- *IMS Reusable Competency Definition Specification.*

    Las competencias de un estudiante hacen referencia a sus habilidades, conocimientos, tareas y resultados del proceso de aprendizaje. Esta especificación establece cómo describir, referenciar e intercambiar definiciones de competencias mediante una representación formal de las mismas e independiente de su contexto de utilización.

- *IMS Learning Design Specification.*

    Está orientada a describir diseños o modelos de organización de las actividades o del uso de recursos.

- *IMS Guidelines for Developing Accessible Learning Applications.*

    Dicta las guías de diseño de los contenidos de aprendizaje que garantizan que los colectivos con algún tipo de discapacidad –generalmente visual y auditiva– puedan disfrutar de la formación *on-line*. Se estima que en torno al 9% de los usuarios de Internet presentan algún tipo de discapacidad, de donde se deduce la importancia de que los contenidos sean accesibles.

    Sin embargo, la discapacidad no es la única limitación que dificulta la accesibilidad a los contenidos de la web. Además, existen otras derivadas del contexto del usuario (por ejemplo, entornos llenos de humo) o del dispositivo de acceso (terminales con la pantalla muy pequeña) que comparten los mismos problemas, y que también se verían beneficiados de un diseño más accesible.

– Especificaciones relacionadas con la integración y la interoperabilidad:

- *IMS Enterprise Specification.*

    Generalmente, las plataformas y soluciones de *e-learning* deben integrarse con el resto de sistemas de información corporativos, tanto para capturar de ellos información complementaria acerca de los estudiantes como para complementar la oferta de servicios que la solución pone a disposición de sus usuarios. Por ejemplo, piénsese en la posibilidad de consultar el expediente académico o el correo electrónico desde la propia plataforma de teleformación.

- *IMS Learner Portfolios Specification.*

    Define los modos de organizar la información del estudiante con el fin de que los LMS puedan responder más rápida y efectivamente a las necesidades específicas de cada uno de ellos.

- *IMS Learner Information Specifications.*

    Propone un modelo de datos en el que se almacena la información necesaria para poder gestionar los datos históricos, los objetivos y los logros de los estudiantes, su experiencia de aprendizaje, etc. La especificación indica cómo llevar a cabo el diálogo con sistemas de recursos humanos para el seguimiento de competencias y la definición del acceso a los programas educativos, sistemas de gestión del conocimiento, repositorios de objetos y otros sistemas involucrados en el proceso de aprendizaje en su sentido más amplio.

- *IMS Learner Information Packaging.*

    Proporciona los mecanismos y procedimientos que regulan el intercambio de información de los estudiantes entre los LMS.

	IMS Learning Resources Metadata Specifications
Relacionadas con los contenidos	*IMS Content Packaging Specification*
	IMS Question & Test Specification
	IMS Digital Repositories
	IMS Simple Sequencing
Interacción con el contenido y seguimiento	*IMS Reusable Competency Definition Specification*
	IMS Learning Design Specification
	IMS Guidelines for Developing Accessible Learning Applications
	IMS Enterprise Specification
Integración e interoperabilidad	*IMS Learner Portfolios Specification*
	IMS Learner Information Specifications
	IMS Learner Information Packaging

Figura 7.4. Especificaciones del IMS

7.3 ADL SCORM

ADL (*Advanced Distributed Learning*) es una organización auspiciada por el gobierno de los EEUU, y cuyo objetivo es favorecer la adopción del *e-learning* de manera eficiente y eficaz. Tanto es así, que se ha convertido en el gran impulsor de la normalización de este campo de la tecnología, y sus especificaciones se están convirtiendo en verdaderos estándares.

La publicación de ADL con más repercusión ha sido, sin duda, SCORM (Shareable Content Object Reference Model), que aúna algunos elementos de LTSC, AICC e IMS en una única especificación. SCORM ofrece una visión global del entorno de *e-learning* (ver Figura 7.5), proporcionando los mecanismos necesarios para la distribución y gestión de objetos de aprendizaje así como el seguimiento de la interacción de los estudiantes con dichos objetos de aprendizaje.

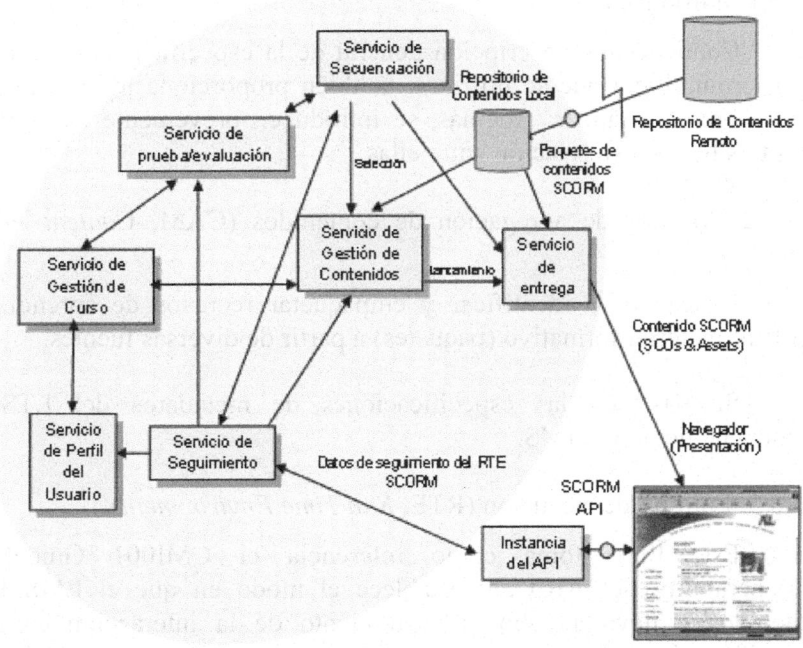

Figura 7.5. Modelo referencia de SCORM

ADL SCORM está dividido en cuatro libros separados (ver Figura 7.6) agrupados bajo dos materias principales, *Content Aggregation Model* y *Run-Time Environment*:

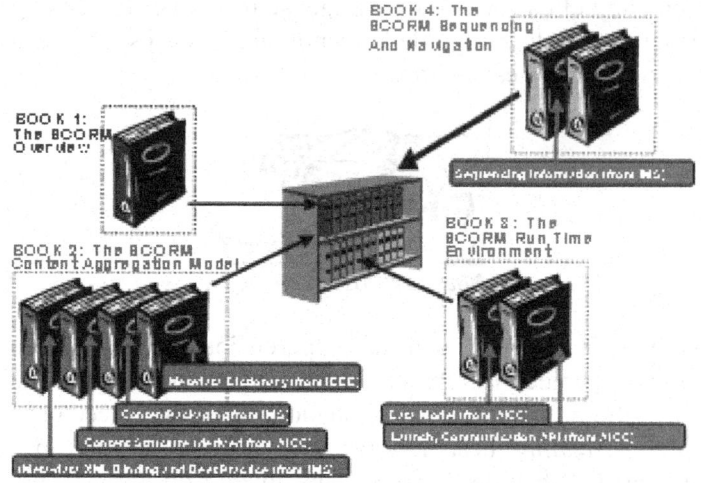

Figura 7.6. Visión general de ADL SCORM

– Libro 1: Introducción.

Contiene una descripción general de la especificación y la definición de la terminología que se utilizará; también proporciona información de alto nivel sobre el estándar. Además, se introducen brevemente las áreas de los otros tres libros y su relación entre ellas.

– Libro 2: Modelo de agregación de contenidos (CAM, *Content Agregation Model*).

Indica cómo identificar y empaquetar recursos de aprendizaje para construir material formativo (paquetes) a partir de diversas fuentes.

Se basa en las especificaciones de metadatos del LTSC y de empaquetamiento del IMS.

– Libro 3: Entorno de ejecución (RTE, *Run Time Environment*).

Este libro toma como referencia el CMI001 Guidelines for Interoperability del AICC, y establece el modo en que el LMS lanza los contenidos y lleva a cabo el seguimiento de la interacción entre dichos contenidos y los estudiantes.

Uno de los requisitos de SCORM es la portabilidad de contenidos entre distintas plataformas, independientemente del modo en que hayan sido generados dichos contenidos. Para ello es imprescindible disponer de mecanismos comunes de lanzamiento de contenidos, de comunicación entre éstos y las plataformas, y de un modelo de datos bien conocido entre las plataformas que se comunican entre sí.

– Libro 4: Secuencia de navegación por los contenidos (SIN, *Sequence Information and Navigation*).

Describe las reglas de navegación entre los distintos objetos de aprendizaje en función de los resultados de su interacción con los estudiantes. La estructura empleada para representar los diferentes recorridos por los objetos de aprendizaje recibe el nombre de árbol de actividad y determina el itinerario formativo seguido por cada estudiante en su interacción con el LMS.

Por otra parte, la especificación considera que una plataforma de *e-learning*, desde el punto de vista funcional, está formada por dos elementos principales:

– SCO *(Shareable Content Object)*.

Es la forma estandarizada de un objeto de aprendizaje reutilizable. Para ello, el objeto de aprendizaje no debe contener restricción relativa a su navegación cuando forma parte de una unidad instruccional de mayor entidad, ya que en caso contrario, estaríamos imponiendo limitaciones a su utilización como objeto aislado. En su lugar, estas reglas de navegación se especifican de manera externa al propio objeto de aprendizaje, lo que permite que el LMS sea capaz de interpretarlas y de proporcionar al estudiante los contenidos adecuados en cada caso.

– LMS *(Learning Management System)*.

Cualquier sistema que guarda información sobre la interacción con los estudiantes es capaz de lanzar y comunicarse con SCO y puede interpretar las reglas que marcan la navegación a través de los SCO.

En el contexto de SCORM, el LMS es un concepto mucho más amplio que el tradicional. En efecto, en SCORM el LMS es una entidad encargada de la gestión y distribución del material didáctico –agregación de objetos de aprendizaje– dependiendo de los resultados de la interacción con el estudiante.

Además, SCORM incluye herramientas para la creación de SCO y su agregado en unidades de aprendizaje de mayor entidad.

7.4 IEEE LTSC

El IEEE (*Institute of Electrical and Electronics Engineers*) es un organismo de estandarización de competencia mundial. Su comité encargado del *e-learning* es el LTSC (*Learning Technology Standards Committee*), que, a través de sus grupos de trabajo y grupos de estudio ha elaborado gran cantidad de especificaciones. Trabaja de forma coordinada con el comité ISO/IEC JTC1 SC36, creado para la normalización en el ámbito del *e-learning*.

Actividad que regula	Estándar
Generales	IEEE 1484.1 *Architecture and Reference Model*
	IEEE 1484.3 *Glossary*
Datos y metadatos	IEEE 1484.12 *Learning Object Metadata*
	IEEE 1484.14 *Semantics and Exchange Bindings*
	IEEE 1484.15 *Data Interchange Protocols*
Aplicaciones	IEEE 1484.11 *Computer Managed Instruction*
	IEEE 1484.18 *Platforms and Media Profiles*
	IEEE 1484.20 *Competency Definitions*

Figura 7.6. Algunas especificaciones definidas por IEEE LTSC

De todas ellas, la especificación más reconocida es la IEEE 1484.12 sobre los metadatos asociados a los objetos de aprendizaje (LOM, *Learning Object Metadata*) y cuyo objetivo es describir los recursos de aprendizaje. De hecho, otras iniciativas de estandarización, como IMS y ADL, basan en ella sus respectivas especificaciones.

Los metadatos asociados a un objeto de aprendizaje concreto constituyen una etiqueta que facilita su reutilización en la elaboración de materiales formativos, y la búsqueda de los mismos, cuando se almacenan en grandes repositorios de contenidos. La especificación de los metadatos de un objeto de aprendizaje es un documento, en formato XML, que contiene información relevante acerca del objeto de aprendizaje en cuestión y que se emplea para obtener una descripción del mismo. La Figura 7.7 muestra un ejemplo:

```
<lom>
<general>
     <title>
          <string language="es">
               Configuración avanzada de routers
          </string>
     </title>
     <language>es</language>
     <description>
          <string language="es">
               Administración y resolución de fallos en redes con routers de Cisco.
          </string>
     </description>
     <keyword>
          <string language="es">
               Configuración de redes
          </string>
     </keyword>
</general>
...
<technical>
          <location>http://online.upa.upv,es/ivd/routers_config.html</location>
</technical>
....
<educational>
     <interactivityType>
          <source>LOMv1.0</source>
          <value>expositive</value>
     </interactivityType>
     <learningResourceType>
          <source>LOMv1.0</source>
          <value>Texto</value>
     </learningResourceType>
...
</educational>
</lom>
```

Figura 7.7. Ejemplo de LOM

En él se proporciona, además de la referencia a los contenidos del objeto de aprendizaje perteneciente a un curso de configuración de *routers*, una serie de información descriptiva de los mismos. Un ejemplo de utilidad de los metadatos asociados a los objetos de aprendizaje es el repositorio del MIT OCW[3] (*Massachussets Institute of Technology OpenCourseware*), que pone a disposición de cualquier internauta todos los contenidos producidos por esta universidad y de manera totalmente gratuita. El MIT OCW emplea LOM para especificar los metadatos descriptivos, técnicos, derechos de autor, etc.

---

[3] http://ocw.mit.edu

Otra de las contribuciones más importantes del IEEE LTSC es el estándar 1484.1, en el que se especifica una arquitectura para las soluciones de *e-learning* conocida como LTSA (*Learning Technology Systems Architecture*).

PARTE IV: DIMENSIÓN ORGANIZATIVA

Capítulo 8

INTEGRACIÓN EN LA ORGANIZACIÓN

En anteriores capítulos, ya se han descrito las características de las plataformas de *e-learning* y se han mencionado una serie de requisitos a tener en cuenta a la hora de seleccionarlas. Sin embargo, no siempre se cuenta con la plataforma más adecuada. Este capítulo está orientado a dar pautas a los docentes que se encuentran con una plataforma dada para aprovechar al máximo sus posibilidades de cara a ofrecer un aprendizaje personalizado y accesible. En este sentido, las guías ofrecidas pretenden minimizar en la medida de lo posible las limitaciones técnicas de la plataforma y avanzar trabajo para cuando las plataformas ofrezcan estas funcionalidades. La idea que subyace es fomentar la reutilización de la mayor parte del trabajo que el docente ha realizado para adecuar la plataforma a las necesidades del curso y los estudiantes.

8.1 INTRODUCCIÓN

En general, son las instituciones educativas que van a implantar un campus virtual las que deben procurar elegir la plataforma de *e-learning* más adecuada para sus necesidades dentro de las posibilidades ofrecidas en el mercado (entendiendo mercado en una forma amplia, e incluyendo no sólo las plataformas comerciales como aquéllas originadas en el marco de comunidades de desarrollo de código abierto). Estas instituciones son así mismo responsables de ofrecer un departamento técnico que se encargue del soporte necesario para que la plataforma sea utilizada por la comunidad educativa. Este soporte puede ser diverso, y variar entre un mínimo, consistente en gestionar únicamente el alta de usuarios y cursos y ofreciendo el servicio de forma desacoplada del resto de servicios de la universidad, o bien en el polo opuesto, la institución puede contar con un departamento técnico grande que desarrolle sobre la propia plataforma –

especialmente en el caso de plataformas de código abierto– para 1) integrar con otros servicios ya implantados en la universidad y 2) mejorar la propia funcionalidad de la plataforma. La Figura 8.1 trata de diferenciar de forma gráfica ambos enfoques.

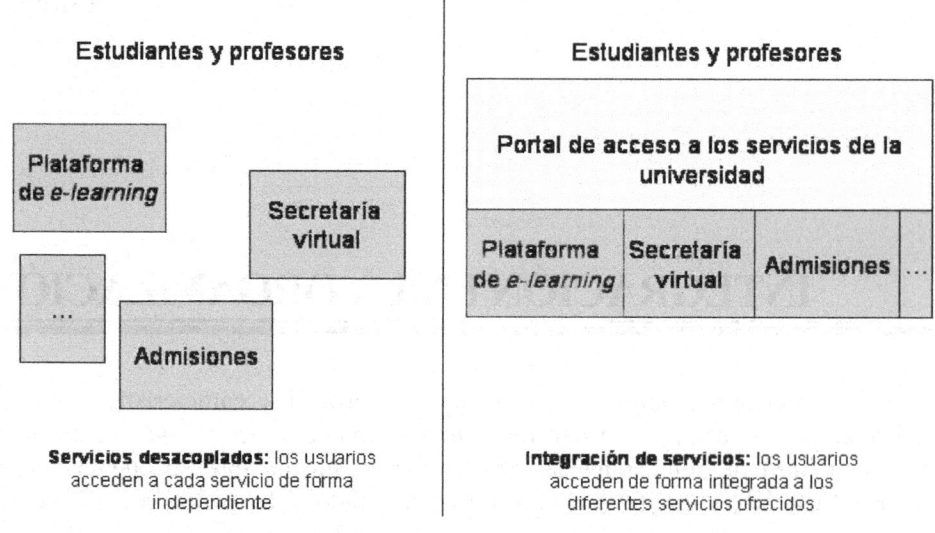

Figura 8.1. Posibles servicios ofrecidos por la institución

En este sentido, conviene tener en cuenta la revolución promovida por la web 2.0. En concreto, las aplicaciones web híbridas (o *mash-up*) que permiten combinar en una aplicación web contenidos y/o servicios ofrecidos por otra. Por ejemplo, con la idea de extender la funcionalidad adaptativa de las plataformas de *e-learning*, se está trabajando en un servicio recomendador que oriente a los estudiantes de forma personalizada sobre las mejores acciones que puede realizar en la plataforma para lograr un aprendizaje más eficiente, teniendo en cuenta sus características individuales y el contexto en que se encuentra (Santos, 2009). No obstante, estas propuestas aún se encuentran en los entornos de investigación, y aunque probablemente sean una realidad en los próximos años, a día de hoy no se encuentran disponibles para su uso.

En consecuencia, lo que nos vamos a encontrar probablemente es el caso de la institución sin una plataforma adecuada para ofrecer un servicio personalizado y accesible a sus usuarios (principalmente porque las plataformas actuales aún no lo ofrecen de forma completa). Si la institución puede permitírselo (es decir, cuenta con los recursos adecuados para ello), tratará de actualizar la funcionalidad de la plataforma según vayan apareciendo nuevas necesidades y soluciones para abordarlas (o migrar a otra plataforma que ofrezca mejoras sustanciales). Si optó por una plataforma comercial, deberá tratar de contar con la última versión disponible. Si la plataforma es de código abierto, además de contar con los desarrollos aportados por otros miembros de la comunidad, podrá contribuir con mejoras en la funcionalidad de acuerdo con sus necesidades. En cualquier caso, estas medidas llevan un coste para la institución y unas restricciones temporales a tener en cuenta.

Si nos centramos ahora en el docente, vemos que habitualmente no tiene mucho poder de decisión a la hora de elegir la plataforma. Percibirá con agrado las actualizaciones y mejoras que vengan desde el departamento técnico de la institución, y podrá hacer peticiones de mejora a la misma, pero poco más. Por ello, en este capítulo se proponen una serie de pautas para ayudar al docente a sacar el máximo partido a la plataforma para dar la mejor formación en línea a sus estudiantes, sobrellevando lo mejor posible las carencias de la plataforma que le haya tocado en suerte. Y ayudarle también a que pueda reutilizar en el futuro, en la medida de lo posible, lo que va montando sobre la plataforma que ofrece su institución educativa. La intención de estas pautas es que el trabajo realizado por el profesor pueda reutilizarse en futuros cursos sobre cualquier plataforma.

En el caso del docente, podemos distinguir varios roles diferenciados, que podrán coincidir o no en la misma persona. Por un lado, está el rol del diseñador instruccional del curso, es decir, el encargado de estructurar los contenidos y actividades del curso de la forma que sea más adecuada para lograr un aprendizaje efectivo de sus estudiantes, que se podría apoyar en un creador de contenidos que cuente con medios técnicos para montar los contenidos de forma atractiva para los estudiantes. Por otro lado, tendríamos el rol del tutor, que sería el encargado de hacer un seguimiento de los estudiantes cuando están trabajando en la plataforma los contenidos y actividades ofrecidos en el curso. Si lo comparamos con la enseñanza presencial, tendríamos el autor del libro de texto que se utiliza para trabajar los contenidos de una asignatura, y el docente que partiendo de ese libro de texto, imparte clase a un grupo de estudiantes.

Tanto los diversos roles del docente como el propio estudiante interactuarían a través del denominado ciclo de vida del aprendizaje, que idealmente debería adaptarse a las necesidades particulares de cada estudiante (Van Rosmalen *et al.*, 2004).

Tomando como punto de partida dicho ciclo de vida, vamos a presentar en este capítulo las tareas que debería abordar el docente para ofrecer la mejor experiencia posible de aprendizaje a sus estudiantes, sacando el máximo partido a la plataforma particular que tenga implantada la institución para la que trabaja. Las ideas que subyacen fomentan la reutilización del trabajo que el docente realiza para adecuar la plataforma a las necesidades del curso y los estudiantes.

Por ello, el capítulo se ha estructurado de la siguiente forma. Primero, se detallará el ciclo de vida del aprendizaje, según definido en el proyecto aLFanet (IST-2001-33288). A continuación, para cada una de las fases identificadas en dicho ciclo, se abordarán las tareas que deberá realizar el docente, y se indicará las implicaciones que tiene 1) sobre la plataforma, 2) sobre el aprendizaje de los estudiantes y 3) sobre el trabajo del profesor. Se finalizará el capítulo con las conclusiones obtenidas.

8.2 CICLO DE VIDA DEL APRENDIZAJE

En esta sección se va a introducir el ciclo de vida del aprendizaje adaptativo, según propuesto en el proyecto aLFanet (IST-2001-33288). De acuerdo con el trabajo llevado a cabo en dicho proyecto de investigación europeo, el aprendizaje en línea o (*e-learning*) puede describirse como un ciclo compuesto de cuatro fases (Van Rosmalen *et al.*, 2004), tal como se indica en la Figura 8.2:

–   **Diseño**: el profesor define a priori los conceptos a trabajar en el curso, preparando los materiales y actividades que se deben trabajar en el curso, y la forma en que se deben mostrar a cada estudiante.

–   **Publicación**: el curso y los estudiantes se dan de alta en una plataforma, y se configuran los servicios de la forma más adecuada.

–   **Uso**: esta fase constituye el curso en sí, y en ella los estudiantes tienen acceso a los materiales del curso, intercambian experiencias y realizan actividades. Para ello, pueden hacer uso de las funcionalidades (o servicios) ofrecidas por la plataforma, como por ejemplo:

   •   Áreas de almacenamiento para acceder y compartir contenidos.

   •   Foros de discusión en donde establecer conversaciones con los miembros del curso (compañeros y profesores).

   •   Calendario con los plazos de las actividades del curso.

   •   Servicios colaborativos, como *wikis* y *blogs* donde exponer sus puntos de vista.

–   **Auditoría**: con esta fase se cierra el ciclo, y sirve para recoger datos de la experiencia del curso y ofrecérselos al profesor, para que compruebe si se han cumplidos las expectativas previstas y en su defecto, pueda mejorar el curso en la siguiente edición.

Como se muestra en la Figura 8.2, estas cuatro fases son secuenciales y cíclicas, y han de tener como punto común y central las necesidades del estudiante, que es al fin y al cabo, a quién se le ha de ofrecer un aprendizaje personalizado y accesible. Tradicionalmente, en los comienzos del *e-learning*, este papel central estaba asignado a la plataforma, pero conforme se ha ido madurando en el campo, se ha identificado la necesidad de que la plataforma sea el medio, pero no el fin último del proceso de aprendizaje.

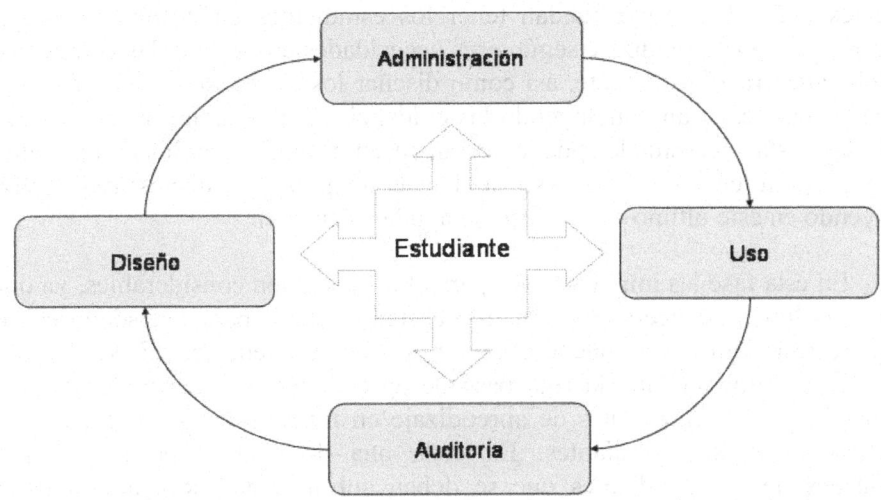

Figura 8.2. El ciclo de vida del aprendizaje centrado en el estudiante

En este ciclo el docente juega un papel fundamental, puesto que es quién articula el avance entre las distintas fases del ciclo con el trabajo que realiza sobre la plataforma, máxime cuando las plataformas aún no ofrecen un soporte completo para este proceso.

Por ello, en el siguiente apartado veremos cómo puede el docente aplicar el enfoque del ciclo de vida del aprendizaje en su interacción con la plataforma.

8.3 PAUTAS A LO LARGO DEL CICLO DE VIDA

Veamos ahora, para cada una de las fases identificadas en el ciclo de vida del aprendizaje presentado en el apartado anterior, cómo se pueden abordar las tareas que debe realizar el docente. Se comentarán las implicaciones que tiene 1) sobre la plataforma, 2) sobre el aprendizaje de los estudiantes y 3) sobre el trabajo del profesor.

8.3.1 Fase de Diseño

En esta fase, el docente debe organizar el diseño del curso para que sea lo más eficiente posible. Las implicaciones que tiene esta fase son principalmente para el aprendizaje del estudiante y el trabajo del profesor, ya que es independiente de la plataforma que se vaya a usar.

Con respecto al aprendizaje del estudiante, el profesor ha de identificar las diferentes necesidades que puedan tener los estudiantes en el curso y describir diferentes rutas de aprendizaje según esas necesidades que cubran las competencias que debe adquirir el estudiante, así como diseñar los materiales y actividades más adecuados para cada una, incluyendo las evidencias para evaluar las competencias adquiridas. Estas necesidades pueden consistir en diferentes estilos de aprendizaje, intereses, preferencias de acceso a los contenidos, o dispositivo utilizado (incluyendo en este último caso el uso de ayudas técnicas).

En esta fase las implicaciones para el profesor son considerables, ya que se le exige un trabajo conceptual y creativo bastante grande para el diseño del curso. Aunque este trabajo no se puede eliminar, si que se puede reducir si el profesor esquematiza primeramente, la ruta base de aprendizaje, y a partir de ahí, define claramente las diferentes rutas de aprendizaje en función de los diversos perfiles identificados de los estudiantes. En cada una de ellas, debe identificar las necesidades de los estudiantes que se deben cubrir. Estas necesidades deberán tenerse en cuenta también a la hora de la elaboración de los contenidos. En este punto, el docente debería contar, por parte de su institución, con un departamento de medios técnicos que le ayude en la creación de los materiales. Si no fuera así, deberá prepararlos por su cuenta. Durante la elaboración de los contenidos, deberá cuidarse muy especialmente el seguimiento de las pautas de accesibilidad, para garantizar un diseño universal de los contenidos que permita su consulta por usuarios con distintas modalidades de acceso (p.e. voz, táctil...), diferentes dispositivos (móvil, PDA, etc.) diferentes situaciones (esperando el autobús, conduciendo, en la oficina, etc.).

Como puede verse, la idea principal que se sigue es "divide y vencerás". El docente ha de ir desgranando lo más posible los diferentes elementos que forma parte del diseño del curso, de forma que pueda fácilmente manipular dichos elementos (p.e. modificar la ruta del curso, definir nuevas rutas para atender nuevas necesidades, añadir nuevos contenidos, preparar contenidos que aborden necesidades de aprendizaje aún no cubiertas, etc.). Además, esto le permitirá también poder 'externalizar' el desarrollo de aquellas partes que no se corresponden con las labores tradicionales del profesor, como es la elaboración de contenidos multimedia. Finalmente, cuando el docente ha preparado ya los elementos para ser utilizados en el curso, deberá tratar de encajarlos utilizando al máximo los estándares educativos (vistos en el capítulo anterior) que ofrezca la plataforma. Si ésta no ofrece ninguno, podrá incluirlos directamente sobre la plataforma, indicando los diferentes materiales para los distintos perfiles. De esta forma, quedará preparado para cuando en un futuro esos contenidos se quieran utilizar en una plataforma que sí ofrezca soporte a estándares educativos. Llegado el momento, el docente ya tendrá la mitad del trabajo avanzado, y sólo necesitará dar las instrucciones precisas de cómo interrelacionan cada uno de los elementos para empaquetarlos adecuadamente con el estándar correspondiente.

Veamos ahora cómo se traducen estas consideraciones en unas guías de aplicación práctica. Los pasos a seguir para preparar el diseño del curso de forma accesible y adaptativa serían los siguientes, tal como se representan en la Figura 8.3.

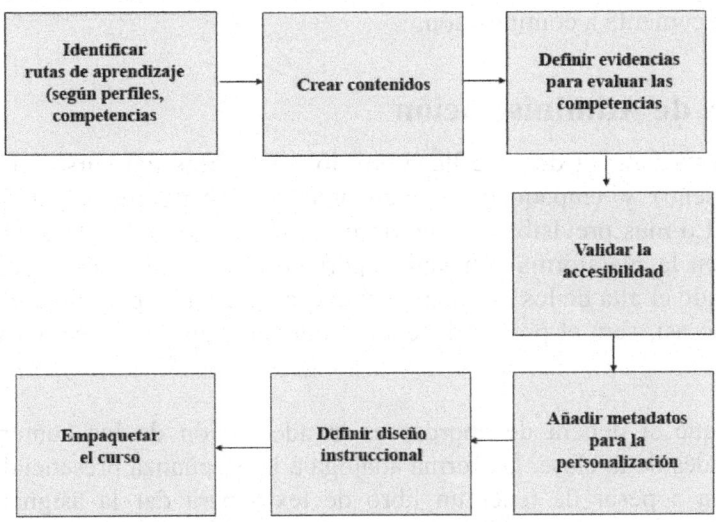

Figura 8.3. Pasos a realizar en la fase de Diseño

- Diseñar el curso conceptualmente identificando diferentes rutas de aprendizaje que se adapten a las necesidades de los distintos perfiles de estudiantes y que trabajen las competencias a adquirir.

- Crear los contenidos siguiendo pautas de accesibilidad.

- Definir evidencias para evaluar las competencias adquiridas siguiendo pautas de accesibilidad y estándares educativos.

- Validar la accesibilidad de los materiales creados.

- Añadir metadatos a los materiales para dotarles de información semántica que sirva para seleccionar los más adecuados a cada estudiante (personalización).

–   Definir el diseño instruccional aplicando estándares que permitan definir diversas rutas personalizadas.

–   Empaquetar el curso para su publicación en cualquier plataforma accesible y con soporte a la adaptación.

Al ser la primera fase del ciclo, conviene prestarle especial atención, ya que podrá ahorrar esfuerzos en las fases posteriores. Las ideas aquí presentadas se han trabajado a partir de la metodología definida en el proyecto ALPE (Santos *et al.*, 2007).

Un posible escenario es que el docente reciba los contenidos ya elaborados y no tenga opción a modificarlos, por lo que pasaría directamente a la fase 2 del ciclo, que se comenta a continuación.

8.3.2 Fase de Administración

En esta fase, el docente llega con los elementos del curso ya preparados (fase de diseño) y empaquetados siguiendo los estándares soportados por la plataforma. Lo más previsible es que desde la institución educativa hayan creado un espacio en la plataforma y hayan importado allí los materiales del curso, así como realizado el alta de los estudiantes y tutores que van a participar en el mismo. Si no ha sido así, será el propio docente el que se tenga que encargar también de estas tareas.

Lo que sí deberá de abordar es la adecuación de los contenidos a las particularidades de la clase. De forma análoga a la enseñanza presencial, cuando el profesor, aun a pesar de tener un libro de texto para dar la asignatura, puede considerar apropiado reorganizarlo para eliminar contenidos que se supone ya sabidos por los estudiantes, o ampliar información para algunas partes que no se han tratado en cursos anteriores. Así mismo, deberá adecuar las herramientas ofrecidas por la plataforma a las necesidades del curso y los estudiantes. Si fuera posible, podría configurar recomendaciones personalizadas a ofrecer a los estudiantes en determinadas situaciones que le ayuden a centrar su aprendizaje y guiar su navegación por la plataforma.

Con respecto a la plataforma, lo deseable es que soporte la mayor cantidad y diversidad de estándares educativos, que ayuden a caracterizar y describir los contenidos preparados en la fase de diseño.

El aprendizaje del estudiante se verá beneficiado si se ha reorganizado el diseño del curso para adecuarlo a las particularidades de la clase y se han configurado los servicios correctamente. El trabajo del profesor podrá verse reducido en la posterior fase de uso si durante esta fase realiza los ajustes pertinentes en el espacio del curso.

Los pasos a seguir en esta fase para preparar la plataforma a las necesidades de la clase serían los siguientes, tal y como se muestra en la Figura 8.4:

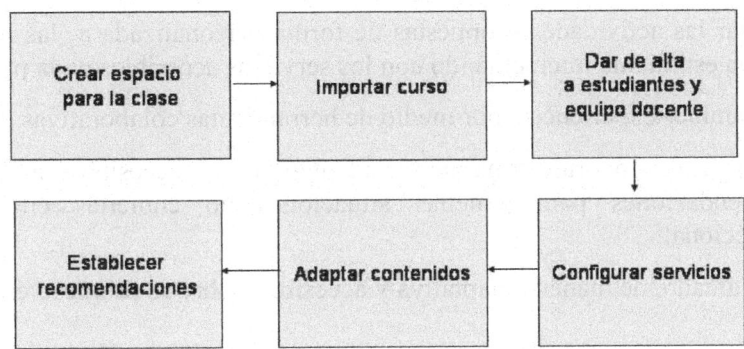

Figura 8.4. Pasos a realizar en la fase de Administración

–   Crear un espacio para la clase en una plataforma abierta basada en estándares

–   Importar los materiales del curso en el espacio creado en la plataforma para la clase.

–   Dar de alta a los usuarios en la clase (estudiantes y equipo docente).

–   Configurar los servicios a utilizar en la clase (foros, *chat*, etc.) asegurando su accesibilidad.

–   Adaptar los contenidos del curso a las necesidades de la clase.

–   Establecer recomendaciones adaptativas y accesibles en cuanto al uso de los mismos.

8.3.3 Fase de Uso

Esta es la fase central del curso, donde los estudiantes van a interactuar con los materiales que se han preparado para el curso. Puesto que en este contexto lo que se persigue es lograr un aprendizaje activo por parte del estudiante, el tutor ha de desempeñar un papel de facilitador de información, analista crítico de áreas de conocimiento, guía de estudio, revisor y evaluador de la capacitación del estudiante (Boticario y Gaudioso, 2003).

En este contexto, el docente debe estar en un segundo plano, motivando y guiando al estudiante en su aprendizaje durante la realización de las actividades propuestas en el diseño del curso. Así, será el estudiante el que lleve a cabo las siguientes tareas:

–   Acceder a los contenidos accesibles y adaptativos definidos en el diseño instruccional.

–   Realizar las actividades propuestas de forma personalizada a las necesidades de cada estudiante interactuando con los servicios accesibles de la plataforma.

–   Intercambiar experiencias por medio de herramientas colaborativas accesibles.

–   Recibir un soporte dinámico, adaptativo y accesible a través de recomendaciones para aquellas situaciones no cubiertas en el diseño instruccional.

–   Ser evaluado, de manera adaptativa y accesible, sobre su progreso en el curso.

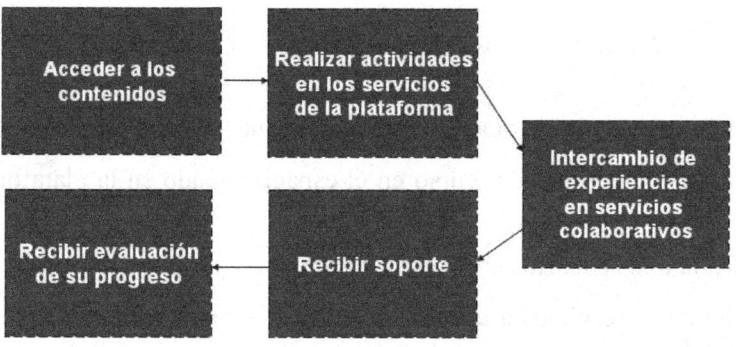

Figura 8.5. Tareas que realiza el estudiante

El profesor deberá hacer un seguimiento de lo que ocurra en cada una de estas tareas. En esta fase, el apoyo de la plataforma es crucial, detectando qué estudiantes han de tener un seguimiento más personalizado de su progreso evitando que el profesor tenga que mirar una por una las acciones realizadas por cada uno de los estudiantes. Desgraciadamente, también es el punto donde este apoyo por parte de las plataformas es actualmente más limitado.

Las implicaciones para el aprendizaje del estudiante son importantes, ya que el hecho de poder recibir un apoyo personalizado por parte del profesor, influirá positivamente en su aprendizaje.

Por su parte, para el profesor supone un trabajo hacer un seguimiento efectivo si no cuenta con mucha ayuda por parte de la propia plataforma. Mientras llegan los avances en este campo, la propuesta para el profesor es que identifique los puntos críticos donde espera que haya divergencia en el avance del estudiante y haga uso de herramientas ofimáticas (como las hojas de cálculo) para hacer un seguimiento individualizado de las actividades relacionadas con dichos puntos, y tome las medidas oportunas cuando se detecten. Los pasos a realizar por el profesor en la fase de uso para el seguimiento de sus estudiantes son los siguientes:

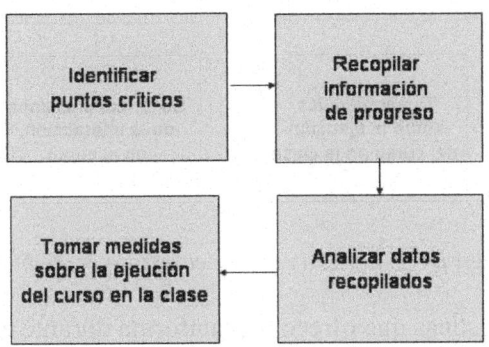

Figura 8.6. Pasos a realizar en la fase de Uso por el docente

– Identificar puntos críticos en la ejecución del curso.

– Recopilar información del progreso de los estudiantes.

– Analizar los datos recopilados.

– Tomar medidas según los datos analizados.

8.3.4 Fase de Auditoría

Al igual que la fase anterior, el soporte ofrecido por las plataformas actualmente es bastante limitado, y suelen recoger estadísticas de uso muy sencillas, como el tiempo que ha estado el estudiante en cada página. La propuesta es extender la hoja de cálculo que se haya preparado para la fase anterior con indicadores sobre el resultado del aprendizaje del curso comparado con el diseño del mismo. Y así, poder sacar conclusiones que sirvan para su posterior modificación para sucesivas ediciones del curso. El hecho de actualizar los contenidos del curso con la experiencia recogida de su uso permitirá por un lado, que la próxima edición esté aún más centrada en las necesidades del propio estudiante. Este hecho conllevará además una reducción en el soporte que tenga que realizar el profesor en la nueva edición del curso, ya que si logra anticiparse en el diseño a problemas que van a salir en fase de uso, limitará las situaciones problemáticas que deba abordar en la la fase de uso del curso. El docente se encargará por tanto de los siguientes pasos, según la Figura 8.7:

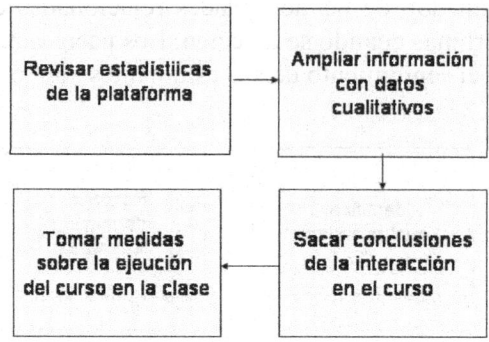

Figura 8.7. Pasos a realizar en la fase de Auditoría

–   Revisar las estadísticas que ofrece la plataforma durante el desarrollo del curso.

–   Ampliar la información recogida con datos cualitativos que haya identificado durante el curso.

–   Sacar conclusiones sobre la interacción en el curso.

–   Proponer cambios en el diseño del curso.

Idealmente, la plataforma debería detectar bloqueos en la ejecución del curso por los estudiantes en la clase que ayudarán al profesor a tomar medidas para futuras versiones del mismo y proporcionar informes cuantitativos-cualitativos sobre el progreso de los estudiantes centrados en características pre-seleccionadas, que incluyan criterios de adaptación y accesibilidad, así como la eficiencia, eficacia y satisfacción del aprendizaje, identificando puntos de mejora en el curso.

8.4 CONCLUSIONES

En este capítulo se ofrecen unas guías sobre cómo abordar la preparación de los contenidos y la configuración de los servicios en la plataforma de *e-learning* de forma que ofrezcan un aprendizaje personalizado e inclusivo para los estudiantes que les ayude a aprender de la forma más eficaz, eficiente y satisfactoria. Esto es una necesidad debido a que las plataformas actuales aún no ofrecen de forma completa esta funcionalidad, que deberá ser suplida en lo mejor posible por el profesor, con el menor costo posible, para que no vaya en detrimento de su labor docente. La idea que subyace es fomentar la reutilización del trabajo que el docente realiza para sacar partido de la plataforma con el fin de atender de la mejor manera posible las necesidades de los estudiantes en el curso. Las pautas ofrecidas están basadas en el uso de estándares ya disponibles e implementados por las plataformas, así como la aplicación de buenas prácticas identificadas. De esta forma, se tratará de cubrir lo mejor posible la personalización (adaptación y diseño instruccional), la accesibilidad (acceso para todos) y ubicuidad (uso de dispositivos móviles) con los recursos existentes en la institución educativa. La reutilización y beneficio futuro será mayor en la medida en que las plataformas soporten los estándares disponibles y se apliquen buenas prácticas identificadas, como las propuestas en este capítulo.

El enfoque de este capítulo ha sido eminentemente práctico, dando guías al docente sobre qué puede hacer con la plataforma de *e-learning* que está implantada en su institución (y que aún tienen un soporte adaptativo y accesible limitado) para ofrecer los contenidos y los servicios de la forma más adaptada a las necesidades de sus estudiantes. En este capítulo no se entra en detallar las opciones que se están trabajando actualmente desde la perspectiva de la web 2.0, encaminadas por ejemplo, a ofrecer servicios de recomendaciones al estudiante que le ayuden a acceder a los contenidos y utilizar los servicios más apropiados.

Capítulo 9

MARKETING DEL *E-LEARNING*

Drucker (1997) nos recuerda que lo que realmente hizo posible la educación masiva, más allá del valor asignado a la educación, el entrenamiento del profesorado o las teorías pedagógicas, fue la innovación de introducir el libro de texto (creación probablemente de Joham Amos Comenius, que diseñó y utilizó el primer texto en latín a mediados del siglo XVII). Sin el libro de texto ni un excelente maestro podría enseñar a más de uno o dos chicos al mismo tiempo. Con el libro hasta un maestro mediocre puede enseñar algo a un grupo de 30 o 35 alumnos. La teleformación nos permite jugar, ya lo hemos visto en capítulos precedentes, con economías de escala que multiplican estos números. Pero las cosas no sólo basta que existan y sean buenas para que sirvan y cumplan su función, sino que han de conocerse: aquí entra en juego el papel del marketing.

9.1 INTRODUCCIÓN

Volviendo la vista hacia el mayor gurú del marketing, Kotler (1995), sabemos que el marketing es una actividad principal en las instituciones modernas, que para sobrevivir y tener éxito, deben conocer a sus mercados, atraer recursos. Ha sido profusamente extendido y aplicado, llegando a ser familiar su vocabulario en el mundo de la educación.

Mundo donde la introducción de matices se hace necesario, pues a pesar de que el marketing siga siendo de forma universal, como decía la AMA "una función de la organización y un conjunto de procesos para crear, comunicar y entregar valor a los clientes, y para manejar las relaciones con estos últimos, de manera que beneficien a toda la organización […]" adquiere aquí dos vertientes: una, la educativa y otra, la tecnológica, que confluyen en el *e-learning*.

La faceta educativa lo convierte en un marketing de experiencias, reales o virtuales, donde cada servicio forma parte de una experiencia global de la marca, pudiendo identificar a la marca con el nombre de la universidad, de la institución, siendo muchas veces un marketing boca a boca, un marketing viral. Un marketing donde, siguiendo a Martí y Muñoz (2008) orientarse al consumidor ya no pasa por averiguar sus preferencias y hábitos de consumo mediante estudios de mercado, ofrecerle servicio durante todo el ciclo de compra con la atención al cliente e incluso establecer relaciones cada vez más personales a través del marketing relacional; ahora hablamos de que la orientación al consumidor implica considerar al marketing viral como una pieza fundamental en el engranaje de todos y cada uno de los procesos de marketing. Y es que la creación de valor en el mundo virtual se fundamenta en generar experiencias basadas en valores intangibles, que, por lo tanto, sean difícilmente replicables. Y, en un entorno digital, paradigma del "copiar y pegar"·, estas experiencias serán difícilmente replicables en la medida en que sean los propios consumidores los que les confieran un determinado valor. Un marketing viral, social, que va más allá de *banners*, buscadores y listas de correos. (Sanagustín, 2009)

La red, desde que en 1990 se produce la primera conexión mediante Internet de España con el exterior (Patiño, 2003), ha introducido grandes cambios en el enfoque del marketing, y de la gestión del conocimiento en general (como reducir los altos costes asociados al aprendizaje formal o permitir a los usuarios obtener, compartir e incrementar su conocimiento colectivo (Papows, 1999). Cambios que debemos saber interpretar... y también jugar con ellos.

9.2 MARKETING DE SERVICIOS: EL *E-LEARNING* COMO SERVICIO AVANZADO

¿Encaja el *e-learning* como un servicio susceptible de ser tratado desde el marketing de servicios? Regresando a la AMA (1981), los servicios son actividades que pueden identificarse aisladamente, son actividades esencialmente intangibles que proporcionan satisfacción y que no se encuentran forzosamente ligadas a la venta de bienes. Las diferencias con los productos físicos, las dan la intangibilidad, la heterogeneidad (o variabilidad), la caducidad y la simultaneidad entre la producción y el consumo, algo que amplía De Andrés (2007) con una relación en la que a nosotros particularmente nos interesa destacar unos puntos:

Por una parte, los clientes no obtienen la propiedad de los productos. Es obvio que el alumno adquiere unos conocimientos, que no son suyos en exclusiva, pues son compartidos por el resto de los discentes y de forma obvia por el docente, y no es menos obvio que el material de estudio, ficheros digitales y plataforma de *e-learning* incluida no son suyas, tiene posibilidad de uso y disfrute de las mismas mientras dura su formación, pero no su posesión (y menos la posesión de los derechos de propiedad intelectual de los mismos). Abundando, tampoco es una participación solitaria, aunque en ocasiones pueda darse ese espejismo digital, sino que se forman grupos muchas veces gigantescos. La tercera característica que destacaremos es su dificultad de evaluación. Sobre esto ahondaremos más adelante, pero su importancia nos aconseja anticiparlo ahora.

Sin duda pues a la hora de adscribir como un servicio el *e-learning*, queda plantearse si es un servicio puro, sin soporte tangible adicional, o un servicio acompañado de algún bien que los mejora (Grande, 1996). Pero esta distinción no puede hacerse de forma tajante: sabemos que en algunas instituciones con la matrícula del alumno se le facilitan apuntes, bien en formato libro, bien como CD. No nos hace falta ahondar con más ejemplos para ver que esa frontera se presenta difusa.

Quizá solo se podría plantear una objeción: en las empresas de servicios el cliente presencia como se producen estos, no así en las de productos. Al cliente, pues, no le importa si la fábrica está sucia o huele mal. Se podría pensar que en el *e-learning* la "producción" se realiza en la universidad o centro de partida pero, lo que es obvio, es que la percepción del usuario es que ese proceso se da en esa caja negra que es el ordenador del "cliente".

Nos podemos plantear pues el uso de términos tan queridos para el marketing de servicios como la gama (diversidad dentro de cada línea, siendo una línea de servicios un conjunto de productos con unas características afines). Así, podríamos hablar al hacer el diseño de la gama de servicios cabezas de línea (los que dan más beneficios, por ejemplo titulaciones de gran demanda o cursos técnicos especializados con gran proyección en el mercado), productos reguladores (para adecuar las variaciones estacionales a la demanda, como pueden ser en nuestro caso los cursos de verano), productos tácticos (para entorpecer las actuaciones de la competencia, algo que resulta áspero en este campo, pero que somos conscientes de que se dan, como cursos que aparecen con un parecido pasmoso entre dos universidades), y productos que preparan el futuro (que permiten una posición privilegiada: estudios que en un corto o medio plazo serán los predominantes en mercado. Recientemente vimos universidades que se "adaptaban antes de tiempo" a los requerimientos de Bolonia).

9.3 MIX DE MARKETING PARA *E-LEARNING*

Dentro de las tareas del marketing estratégico en instituciones educativas (Kotler, 1995), la selección de mercados objetivo, la elección de una posición competitiva y el desarrollo de un marketing mix efectivo para conquistar el mercado escogido, posiblemente sea donde más cambios se encuentre en la configuración de este nuevo mix, dominado, como suele suceder en el mundo del marketing, por las "cuatro P" de McCarthy. Con ese esquema de base, ampliado por Kotler (2004) y a pesar de existir abundantes modelos alternativos, como los sugeridos por Constantinides (seguido por Roldan et. al, 2009) donde habla de las cuatro S: *scope*, *sinergy*, *site*, *system*, por su mayor difusión trabajamos.

Así, el marketing mix para instituciones educativas se configura con siete P: programas (que ocupan la posición del producto), precio, lugar (o posición, el *place* del mix de marketing convencional, en realidad localización y sistemas de reparto), promoción, procesos, facilidades físicas (*physical facilities*) y gente (*people*).

Vamos a considerar, siquiera sea brevemente, cada una de ellas.

1) **Programa**: Estamos ante la clásica variable de marketing "producto", donde habitualmente se estudiaban la calidad, características, opciones del mismo, con una serie de atributos poco aplicables a nuestro caso, como las dimensiones o devoluciones, y otros que deben ser pasados por un cedazo más o menos tupido, como pueden ser el estilo, la presentación, las garantías o la marca asociada. De especial interés nos resultarán posibles servicios secundarios asociados.

En la Figura 9.1, vemos una representación gráfica del producto / programa educativo:

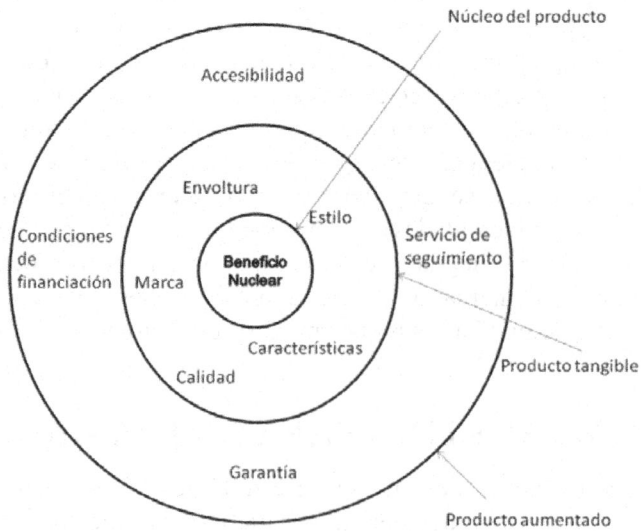

Figura 9.1. Percepción del producto. Adaptado de (Kotler, 1995)

Cada institución determina los programas por los que apuesta y los mercados en los que quiere hacer especial hincapié, siempre dentro del marco legal en el que se mueve, pues las diferencias entre universidad pública o privada pueden suponer todo un mundo. En realidad se procede a desarrollar estrategias de marketing para cada programa tras seleccionar uno o más segmentos de mercado, pero con esto nos adelantamos un tanto: volveremos a este punto cuando asentemos estos conceptos y veamos cómo se puede desarrollar un marketing mix efectivo para lograr y servir a esos consumidores escogidos. Kotler (1995) llega a usar la clásica matriz del Boston Consulting Group dividiendo en **estrellas** (campos de alto crecimiento que la institución domina en términos de n° de estudiantes. Crecen rápidamente pero necesitan gran n.° de de recursos (más profesorado, más biblioteca, más...), **vacas** (bajo crecimiento pero que atraen a gran parte del mercado. Producen beneficios que ayudan a soportar al resto), **dudas** (con un gran crecimiento pero poco mercado. Se continúan para mantener el mercado o se dejan para meter los recursos en otras partes) y **perros** (programas con poco mercado y bajo crecimiento. Suelen generar poco dinero o hacerlo perder. Si se mantienen es por diversas razones, como la esperanza de que vuelvan a dejar dinero) los distintos programas.

El hecho de virtualizar, de convertir un producto tradicionalmente no digital en digital es visto tanto como una posibilidad de ofertar un mejor servicio (Roldán *et al*, 2009) como una obligación de enfrentar nuevos condicionantes (Rodríguez, 2000).

3. **Precio**: En el mundo de la formación el precio va asociado mentalmente de forma ineludible a la matrícula, que las más de las veces, en organismos públicos, no depende tanto de decisiones de marketing como a tomas de postura política. Así, (Kotler, 1995) la matrícula de instituciones educativas sin fines de lucro y públicas rara vez cubre el costo real de la educación, que llega de los contribuyentes, gracias a los cuales se posibilitan edificios, becas, y otros componentes de una educación de calidad.

Con el *e-learning* (Roldán *et al*, 2009) encontramos unos elevados costes fijos y unos bajos costes residuales (aunque esto puede ser tremendamente matizable, dependiente de factores como el tipo de atención que se le da al alumno, etc.). Se trata con un material que no se desgasta por el uso (nuevamente tendríamos que matizar bastante, puesto que psicológicamente el profesor sí puede desgastarse, y al margen queda la consabida pronta obsolescencia del *hardware*), que además puede modificarse, personalizarse y actualizarse fácilmente, lo que redunda en la posibilidad de evaluar un ROI[4] muy gratificante a largo plazo.

Lo que sí está claro es que, frente a la formación tradicional, se reducen de forma espectacular los costes derivados de mantenimiento de elementos físicos (menos aulas, por ejemplo), de preparación de clases (tanto por la posibilidad de formar grupos más grandes como de hacer ajustes y variaciones mínimas de un curso a otro), de viajes y dietas tanto para alumnos y profesores. A todo esto, no hay que olvidar que aparecen elementos que distorsionan el estudio, como (Rodriguez, 2000) la existencia de un tercero, pagador, programas compartidos por varias universidades y dados al alimón...

Con todo, los consumidores, los estudiantes y su entorno siguen preocupados por el precio, y no sólo por el oficial, pues lo que los alumnos y sus familias quieren conocer es el precio efectivo, (Kotler, 1995) pero este es muy difícil de mensurar hasta que se empieza el proceso de formación (alojamientos, libros... algo que se minimiza con el *e-learning*). Así, aunque figuras clásicas dentro de la variable de marketing mix "precio" como el precio de catálogo, los descuentos o las rebajas pasen a un segundo o tercer plano, cobran nueva vida otras como los plazos de pago o las condiciones de crédito. Los estudiantes buscan determinar los costes de recuperación del precio total que van a hacer efectivo, y aquí es donde no se le suele ofrecer respuesta alguna.

En el caso de las universidades privadas, donde la fijación de precios es más libre, cabe estudiar (Kotler, 1995) la relación entre las decisiones de fijación de precios y de la misión institucional y las metas, buscando maximizar los ingresos netos de matrícula. Para algunas instituciones es muy obvia la relación entre programa, precio y mercado objetivo. Las estrategias clásicas, que pasan (Grande, 1996) desde presentar precios bajos, para que la mayoría pueda pagarlo a la estrategia inversa, los llamados precios de desnatado, altos, para cribar la entrada, no suelen tener buen resultado. Un ejemplo es que aquellas instituciones que una vez fijaron su precio basándose en estrategias de captar a los mejores estudiantes, sin fijarse en los recursos de estos y procurando paliar sus carencias, ven ahora difícil el cubrir las necesidades de nuevos estudiantes con esos criterios y aun de los que antiguos que aún continúan. Algunos centros están regresando a lo que se puede llamar "admisiones conscientes de las necesidades", esto es, la búsqueda de pago completo para contrarrestar los estudiantes que necesitan ayuda financiera, y

---

[4] ROI son las siglas en inglés de Return On Investment y es un porcentaje que se calcula en función de la inversión y los beneficios obtenidos, para obtener el ratio de retorno de inversión.

dando preferencia en las admisiones a los estudiantes que pueden pagar todo o gran parte del coste (Kotler, 1995).

Si comparamos al *e-learning* con la universidad tradicional, la ventaja competitiva viene de la reducción de costes o de la diferenciación (menos instalaciones, menos coses, limitación de la oferta a ciertos programas *versus* incrementar el valor de los cursos con profesores, mejores recursos, etc.) (Roldán *et al*, 2009).

4. **Posición**: Más allá de la "distribución" o "place", variable de marketing en cuyo lugar se ubica, aquí hablamos de distintas facetas, como la disponibilidad y la accesibilidad (conceptos que no hay que confundir). Kotler (1995) habla de "Reparto de servicios y programas educativos". En sí, podemos hablar de muchas cosas, como el uso del chat y otras herramientas y canales de comunicación (Rodríguez, 2000), la posibilidad de que el acceso a internet del alumnado carezca del ancho de banda adecuado para recibir determinado tipo de material e incluso la cobertura de la red en diferentes áreas, como las rurales, la fragmentación de cursos por asignaturas o incluso de éstas por unidades docentes que permitan su empleo en distintos tipos de alumnado (formación reglada, postgrado, cursos ocupacionales...).

5. **Promoción**: Con esta adaptación de la publicidad el enfoque puede ser diverso: publicidad a la sociedad en general, a los profesores de la casa para que acepten un nuevo modelo docente, como es el del *e-learning*... pero de forma principal suele ir orientado más a la comunicación interpersonal, ya que las herramientas informáticas permiten un conocimiento exhaustivo del alumno y de sus necesidades. Las posibilidades de comunicación interpersonal, pública y privada de internet (Rodríguez, 2000) nos permiten jugar tanto con las ideas tradicionales (propaganda, comunicación masiva o *broadcasting*) como con nuevas posibilidades (*narrowcasting*).

6. **Prueba física**: Como en tantos servicios, el usuario, el alumno, no sabe si le va a gustar o a ser útil la formación que recibe hasta el momento en que la recibe e incluso en muchos casos hasta que esta acaba. De hecho no sabe siquiera si le irá bien con el sitio web, la plataforma empleada, que en último término puede atraer a los usuarios, generar su confianza... o su desconfianza. Pero aun podemos ir más lejos y plantearnos ¿es útil a la sociedad? (Kotler, 2004). Muchas veces queda la duda tras elaborar un plan de estudios sobre si se ha encajado la pieza que hacía falta en el entorno social que nos rodea. Dentro de esta variable, la duda tiene su acople perfecto.

7. **Procesos, políticas y procedimientos**: Se trata en este caso de valorar procedimientos, mecanismos o rutinas en la prestación de un servicio que afectan a su calidad (Kotler, 2004). Un ejemplo dentro de este apartado pueden ser los sistemas de entrenamiento del profesorado mediante cursos para los

mismos y remuneración económica o cuantificación de las horas de trabajo invertidas en esta modalidad. Muchas veces, por ejemplo, el profesorado es renuente a usar el *e-learning* porque tiene la percepción de que se hace mucho más trabajo del que se le tiene en cuenta elaborando material y atendiendo dudas de alumnos en teleformación.

Hay que tener siempre en cuenta que, además de lo relacionado con el *e-learning*, las plataformas que lo ofrecen favorecen el mejoramiento de los procesos administrativos de la universidad. Por ejemplo, como nos muestran Guiloff y Farcas (2007), los profesores pueden llevar un registro digital de todas sus actividades, desde sistemas de evaluación a gestión de actividades y eventos, lo que redunda en una mejora de los procedimientos de la institución.

Además, dado que se vive en estos momentos un cambio de las propuestas curriculares de educación superior centradas en formación de competencias, considerando en general el trabajo en equipo como una competencia genérica de formación transversal en todas las carreras (Oblinger y Oblinger, 2005), el hecho de poder reconsiderar la formación por nuevos canales puede ayudar en el cambio al ofrecer caminos no tan trillados y, por tanto, carentes de vicios heredados.

8. **Personas**: Las personas son inseparables de todo servicio (Kotler, 2004). Más allá del estudiante y el profesor, muchas figuras se ven implicadas en el complicado engranaje del *e-learning*: *staff* administrativo, técnicos del centro de cálculo, gerentes, proveedores...

Con este juego de variables, que no son aisladas, sino que están interrelacionadas entre sí (pensemos, por ejemplo, que una mayor promoción tiene un coste que repercute en el precio y pone más alto el listón que los usuarios plantean ante la prueba física), debemos jugar para encontrar el equilibrio que mejor funcione en nuestra institución. Para poder llegar a encontrarlo nos hace falta un gran conocimiento de nosotros mismos (Roldán *et al.*, 2009), tanto en lo que se refiere nuestro ámbito, como los objetivos de la institución, la definición mercado potencial, el grado de preparación de la institución, o el rol estratégico del *e-learning* en la misma, como en lo que se refiere a las sinergias a desarrollar: la integración de la plataforma de *e-learning* con otros elementos de la institución y con otras de terceros (proveedores, colaboradores...).

9.4 MERCADO GLOBAL. ENTORNO

De manera obvia, además de conocer a la propia institución, tendríamos que analizar el entorno. En la Figura 9.2, vemos gráficamente cual sería la esfera de influencia.

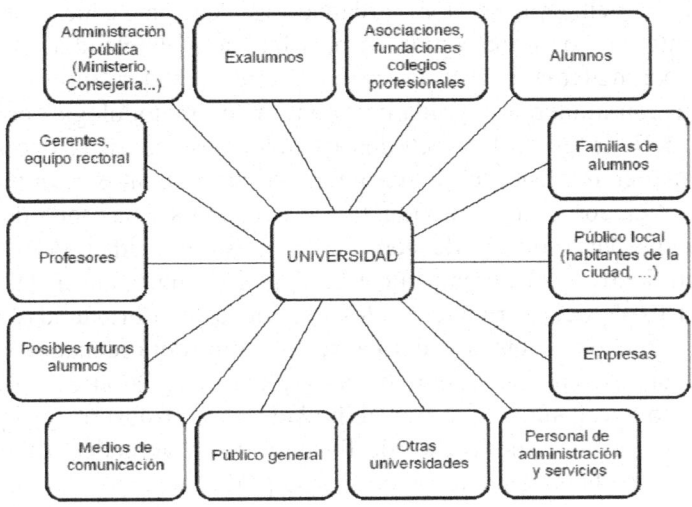

Figura 9.2. Esfera de influencia. Adaptado de Kotler (1995)

Al margen de elementos que podríamos asimilar a los clásicos del microentorno (proveedores, mercados de consumidores, competidores...), hay que abrir los ojos hacia miras más amplias, como el entorno político-legal y el cultural (Kotler, 2008), algo que parece evidente en nuestro caso.

Una sutil diferencia frente al marketing convencional, donde para analizar a la competencia (Grande, 1996) identificamos competidores y estudiamos fuentes de información casi captadas de forma subrepticia (informes anuales, folletos y catálogos, prensa, información suministrada por proveedores...), en nuestro caso la fuerte conexión del tejido universitario y su comunicación interna mediante congresos, listas de distribución, etc., produce que esta información casi fluya por ósmosis entre instituciones.

Sobre esa competencia (Kotler, 1995), vemos que el campo de batalla se sitúa en la lucha por los mejores estudiantes, para ser más selectivas; por el profesorado, por el que compite con las empresas y otras instituciones por su talento; por la atención favorable del público y por donantes. Por cada uno de esos competidores se estudia qué ofrece el programa, sus criterios de admisión, cuáles son sus tendencias de inscripción, su situación financiera, qué estrategia competitiva está usando y, en suma, sus amenazas, oportunidades, debilidades y fortalezas. No abundaremos excesivamente sobre este punto, pues ya ha sido tratado anteriormente, en el punto 2.4.

Pero prestemos también especial atención a quien debe ser la piedra basal del *e-learning*: el profesorado. Seymour Papert (siguiendo a Negroponte, 2000), propuso que concibiéramos los ordenadores en la educación, literal y metafóricamente, como si creásemos un país llamado Matelandia donde una niña pudiera aprender matemáticas de la misma manera en que aprende idiomas, en claro contraste con la inercia seguida hasta ahora con metodologías calcadas o con adaptaciones deficientes de los métodos tradicionales: ya en la década de 1960, muchos pioneros en ordenadores y educación defendieron unos ínfimos métodos de enseñanza práctica con el uso individual de ordenadores, una moda de aprendizaje que pretendía enseñar lo mismo de siempre con más efectividad. Pero mientras que una parte significativa del aprendizaje proviene de la enseñanza, la mayor parte procede de la exploración, reinventándose la rueda e informándose uno mismo. Esto aburrió a muchos docentes y alejó al resto. Antes del ordenador, la tecnología en la enseñanza se limitaba a audiovisuales y a la televisión como educación a distancia, que no hacen sino ampliar la actividad de los profesores y la pasividad de los niños. El ordenador cambió esto de forma radical, aprender haciendo algo se convirtió más en regla que en excepción. No se pide que se diseccionen ranas, sino que se cree una, que se simule una rana. Aun con todo esto a favor, la realidad nos dice que en el año 2000, tan solo un 84% de los maestros de Estados Unidos, según el Departamento de Educación de EEUU consideraban indispensable sólo un tipo de tecnología: una fotocopiadora, quizá por inercia de lo que se arrastraba desde los sesenta.

La solución puede pasar por mostrarles qué sencillo puede ser, por ejemplo, crear o participar en comunidades *on-line* (Kotler, 2008). O cómo usar un medio que tradicionalmente lleva el "confort" a los hogares como algo más que un juguete (Martí, 2008). Cualquier cosa que sea capaz de captar la atención y el interés de los docentes.

Aun con los datos requeridos, el mercado del *e-learning* dependerá en gran medida de su oferta. Hay que tener en cuenta que es muy difícil lanzar titulaciones enteras pues no todas las asignaturas son virtualizables. Y es que el interés no es suficiente para definir un mercado, depende de muchos factores de entre los que destaca lo que esté dispuesto a pagar el usuario, a invertir mejor, pues de los medios que posea han de pagarse una serie de gastos no recogidos en la matrícula (como una conexión de banda ancha, por ejemplo), por no hablar del coste de oportunidad que lleva a pensar qué haría ese alumno en caso de no estar estudiando, quizá consiguiendo ingresos. Y es que recibir formación implica invertir tiempo en ella, más costoso hoy que el dinero (Roldán *et al.*, 2009).

Antes de abandonar este punto, cabe ahondar en nuestro objetivo y destino: los usuarios. O, dicho de otra manera, nuestro mercado.

Por mercado actual entendemos el conjunto de usuarios (estudiantes o sus familias) que se matriculan en el programa que se ofrece.

El mercado actual de la competencia sería el equivalente, en el conjunto de aquellas otras instituciones que ofrecen programas iguales, similares o sustitutivos. La suma de estos dos sería el mercado total actual.

Por mercado de los no consumidores relativos entendemos el conjunto de personas que podrían matricularse con nosotros u otra institución pero no lo hacen por diversas razones como el desconocimiento del mismo, insuficiente nivel económico, insuficiencia de la oferta u otras similares como (Papows, 1999) límites tecnológicos y humanos: *hardware*, *software*, telecomunicaciones incluyendo confiabilidad y ancho de banda...

La suma de éstos nos da el mercado teórico total, que formaría el total de la población si sumáramos al mercado de los no consumidores absolutos (personas que temporalmente o definitivamente están imposibilitadas para cursar los estudios por causas fisiológicas, defectos físicos, restricciones legales, etc.).

9.5 GESTIONAR LA REPUTACIÓN *ON-LINE*

Entendemos por reputación la suma del conocimiento y la valoración que alcanza una institución para cada usuario contrastando sus experiencias y opiniones con las de otras personas, a las que se considera informadas y que merecen su confianza (Sanagustín, 2009). Esto, que fuera de internet provoca que dar una mala impresión a un usuario tenga un efecto que multiplique y supere el de causar impresión positiva a otro, es potenciado por la red, donde un usuario no sólo accede a su pequeño círculo de amistades, sino a foros temáticos, chats e incluso, en nuestro caso, a foros abiertos dentro de nuestra propia plataforma, dando paso a una previsible "mala reputación" que afecte a nuestro posicionamiento.

Conviene hacer un alto. Posicionar es una palabra que se torna ambigua en este ámbito. Por una parte, dentro de la jerga informática, posicionar una web consiste en aplicar diversas técnicas para lograr que nuestra web aparezca en los primeros lugares de los resultados de una búsqueda a través de buscadores como Google o Yahoo. Esto es fundamental pues nos asegura la visibilidad, ya que cuando se realizan búsquedas en Internet, se suele mirar únicamente en las primeras páginas de resultados y si en ellas se encuentra lo que se busca, ya no se mira más. Incluso si no se encuentra... se realiza una nueva búsqueda. Por otra parte, posicionar, dentro del marketing (Grande, 1996) se entiende como el proceso que conduce a dotar al servicio de unas características que lo diferencian del resto de la oferta. Pues bien, en ambos casos, esa afección que adelantábamos resultaría negativa.

Negativa para el posicionamiento web, pues si malo es que al recurrir a ese neo término, "googlear", "preguntar a google", y no aparecer, peor es hacerlo y que se hable mal de nosotros. Y negativa para el posicionamiento dentro del marketing, pues nos ubica dentro de una zona peligrosa: la de productos marcados como malos por otros usuarios.

En realidad, con esto hablamos de otra idea comúnmente empleada en marketing: la imagen. Imagen (Kotler, 1995) es la suma de creencias, ideas e impresiones que una persona tiene de un objeto. Es evidente que aquí entran en juego los estereotipos.

La forma de vernos los usuarios de nuestros servicios, sus percepciones, esas que después se reflejan de forma cuasi indeleble de la red y dejan que su estirada sombra se proyecten sobre nosotros, dependen en gran medida (Grande, 1996) de la satisfacción e insatisfacción post-uso. Cuando hay insatisfacción se da la disonancia (estado mental con la duda sobre si haber acertado o no con la compra), que puede ser física (inconsistencia entre las características y lo esperado) o emocional (no corresponde la calidad). Un usuario que después de usar nuestros servicios tenga percepciones negativas las traducirá en una mala imagen, que revertirá en su entorno. Tradicionalmente la imagen (Kotler, 1995) se ha medido a través de dos ejes: la familiaridad, que puede ser alta o baja y la actitud (favorable o desfavorable). La familiaridad que nos daba clásicamente nuestro entorno más cercano se multiplica y es algo fácilmente constatable observar cómo los usuarios tienden a expresar con mayor profusión su desagrado que su contento con los servicios recibidos.

De nada sirve trabajar en la diferenciación de la universidad, interpretando esto como el proceso de diseñar un conjunto de diferencias significativas para distinguir una oferta de una universidad de la de sus competidores (Kotler, 1995), si seguimos reputando cierto el refrán que rezaba "el buen paño en el arca se vende". Éste, ha dejado de ser cierto. Hay que luchar activamente para conseguir que la reputación sea buena, y eso se hace, más allá de intentando predecir las tendencias de mercado y adelantarse a los próximos hábitos de consumo con el fin de ajustar la demanda y oferta de sus productos (Celaya, 2008), entendiendo a los consumidores: divorciando los prejuicios de las opiniones, para poder encontrar las palabras clave que pongan en común las necesidades del interlocutor con los intereses de la "marca". Un *blog* e incluso un canal en Youtube es una idea estupenda (no así el crear un "youtube" propio, sin apenas visibilidad fuera). Además, conseguir ser no sólo enlazado, sino serlo en lugares donde se nos trate bien. Y si son sitios especializados (*blogs* sobre educación, por ejemplo), mejor. Todo esto conlleva mucho trabajo de fondo y unas tareas de relaciones públicas no convencionales, orientadas hacia la red.

9.6 CAMBIO EN LA ORGANIZACIÓN DEL CANAL. DESINTERMEDIACIÓN

El principal cambio en el enfoque del usuario de las plataformas de *e-learning* se da en la comunicación escrita: pasa de una comunicación asíncrona, como escribir carta, que ha sido tradicionalmente más formal y meditada a un medio asíncrono y legible por ordenador. El domingo no es distinto del lunes, se puede estar en casa y en el extranjero a la vez (Negroponte, 2000), se da un incremento de la flexibilidad, sensación de comprensión del tiempo y el espacio y una mejora de acceso y comprensión de los datos crecientes (Padilla, del Águila, 2001). Haciendo una extensión del trabajo de López y Alonso (2008), podemos encontrar también una serie de características facilitadoras, como un entorno persistente que sigue existiendo cuando el que crea el contenido no está, y de carácter, valga el término robado de la jerga, "sitgmérgico": los cambios que el alumno hace al sistema no son revertidos al salir, a lo que unimos la posibilidad de personalización de la identidad del alumno y la relación colaborativa entre los alumnos y entre estos con el entorno formativo.

Las diferencias esenciales, pues, se basan en la tecnología (Kotler, 2004): respuesta en tiempo real del sistema, de forma permanente (24 horas 365 días al año), con una tecnología basada en la interfaz del usuario (no en el cara a cara, sino "frente a la pantalla", de forma que si la interfaz está bien diseñada no hace falta intervención humana), donde éste controla las interacciones. Internet aparece como un autoservicio. Controla el tiempo de búsqueda, el tiempo que pasa en los distintos sitios... y, fundamental para nosotros, nos permite obtener el conocimiento mediante la observación de la conducta del usuario que puede investigarse de forma sin precedentes.

No obstante, este cambio en la comunicación nos trae el principal problema: ¿cómo presentar una tradición intelectual de 450 años de forma accesible e interesante a los alumnos de hoy? Eso, aun dejando claro que dentro de los propios estudiantes, es obvio, hay distintas preferencias. Oblinger y Oblinger (2005) nos dan un abanico enorme, que van desde un rechazo de un escaso 5% a la tecnología en la formación, por parte de los estudiantes de ingeniería, a cifras que lo doblan en humanidades y bellas artes. Cuando se mide lo contrario, la preferencia por un uso intensivo de la tecnología, se invierte la escala, hablando de cerca de un 70% de preferencia en estudiantes de ingeniería a la mitad en bellas artes y humanidades.

Para Kotler (1995) los atributos críticos para borrar la percepción de separación en tiempo o espacio entre el docente y el discente, y también el incremento en la longitud del canal, ver la Figura 9.3, pasan por contar con un programa estructurado y organizado (no sólo un juego de transparencias) y los medios tecnológicos adecuados para establecer de forma correcta comunicación en los dos sentidos, a lo que particularmente añadimos que ésta pueda darse tanto de forma asíncrona como síncrona. En cuanto a lo primero, depende del personal docente, pero la segunda parte es algo que debe aportar la plataforma usada, como (Papows, 1999) foros digitales para las discusiones de trabajo.

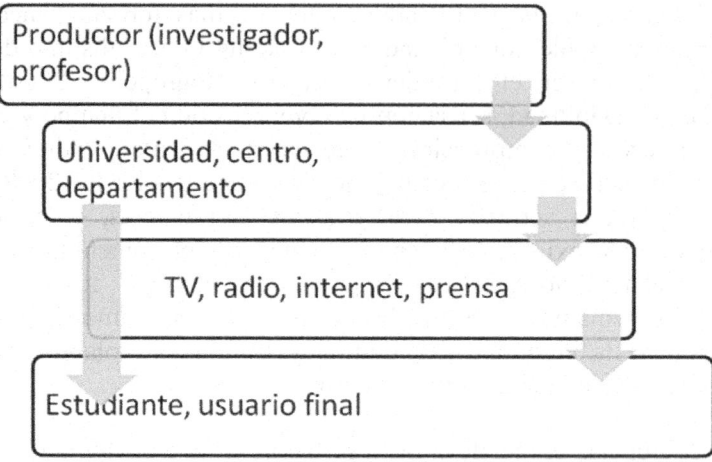

Figura 9.3. Ampliación del canal de comunicación. Adaptado de (Kotler, 1995)

9.7 SEGMENTACIÓN

Un mercado es el conjunto de gente que tiene un potencial o real interés en un producto o servicio y los recursos para adquirirlo. Algunas organizaciones se dirigen a la totalidad de los consumidores (compañías aéreas, bancos...), y otras se centran en grupos de personas con unas características distintivas, como las universidades. Se les ofrecen productos que se adapten a sus deseos o necesidades, a lo que se llama segmentar los mercados (Grande, 1996). ¿Por qué se hace? ¿qué beneficios se busca? Son varios, entre los que destacan las facilidades para diseñar los programas a medida, el establecer prioridades al poner de manifiesto segmentos sin atender y que permite identificar quienes son los competidores.

Hablaremos de consumidores finales, a pesar de que podríamos interpretar cuatro posibles mercados (instituciones, empresas, administración pública y consumidor final) al tener este último como el principal y de mayor calado (Roldán *et al.* 2009)

Para segmentar, establecemos cual es el mercado relevante: para ello definimos criterios de segmentación basados en características de los consumidores o su comportamiento: sexo, donde viven, edad, sociodemográficos (estudios, profesión, clase social), psicográficos (estilos de vida...). Incluso se puede segmentar también en función de los beneficios que se esperan.

Las estrategias para segmentar son básicamente, tres:

– Indiferenciada (sin segmentos, los estudiantes suelen tener las mismas preferencias, se hacen programas universales),

– diferenciada (las preferencias se dispersan de manera uniforme, se reconocen distintos segmentos y se va a por ellos, con programas diferenciados) y

– concentrada (se reconocen distintos segmentos y sólo se va a por alguno, por ejemplo con programas orientados hacia la población reclusa. Hablamos de segmentos naturales de mercado. Un ejemplo es la experiencia de Lucia Mouat, impartiendo clases de 11:30 pm a 3:30 am o cursos de 50 minutos a las 7 am, experiencia referida por Kotler (1995).

En la Figura 9.4, vemos una representación de esas tres posibles estrategias para cubrir el mercado.

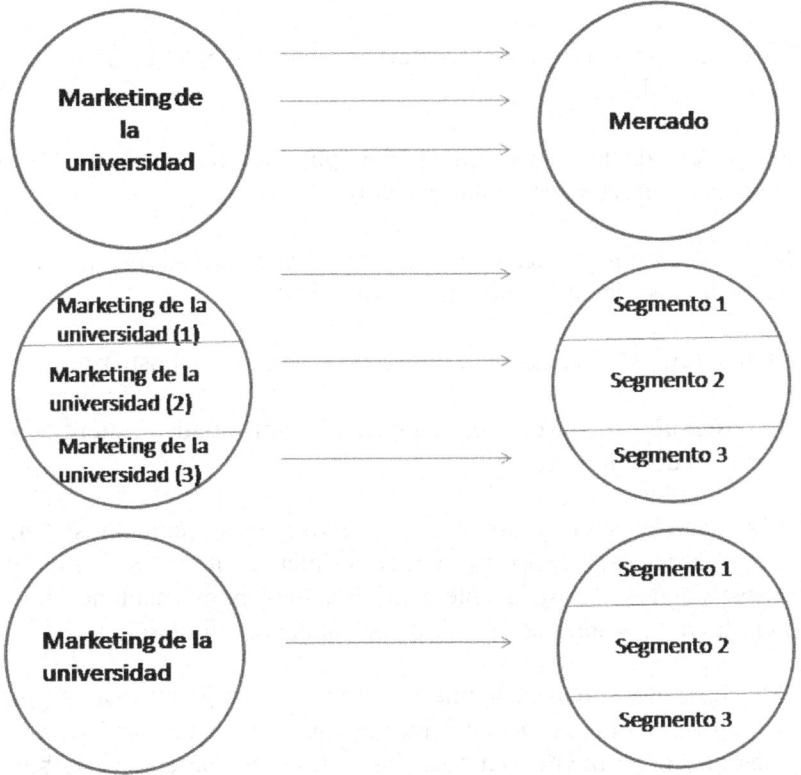

Figura 9.4. Tres estrategias alternativas para cubrir el mercado.
Adaptado de Kotler (1995)

Para aplicar los criterios de segmentación, se emplean típicamente cuatro categorías de variables: (De Andrés, 2007), Kotler (1995 y 2004):

– Segmentación geográfica, que en realidad en nuestro caso nos afecta de manera relativa, pues buscamos una ruptura con las ataduras con una zona geográfica en concreto.

– Segmentación demográfica (por edad y etapa-ciclo de vida; por géneros; por etnias; por ingresos y recursos; multivariable).

– Segmentación psicográfica: clase social, estilo de vida, personalidad.

– Segmentación por conductas, como por ejemplo:

  • Beneficios buscados (compradores de calidad, compradores de valor y compradores ahorrativos).

  • La condición del usuario (exusuario, usuario potencial, usuario novato, usuario regular).

  • Frecuencia de uso (o segmentación por volumen: usuarios ocasionales, medianos y frecuentes de un servicio).

  • Nivel de lealtad (leales absolutos, leales relativos [a dos o tres instituciones], leales cambiantes y volubles).

  • Actitud (entusiasta, positiva, indiferente, negativa y hostil).

  • Disposición (inconsciente, consciente, informada, interesada, deseo, intención de comprar).

Para que la segmentación sea efectiva, los segmentos han de ser mensurables, accesibles (esto es: podemos alcanzarlos y servirlos de forma efectiva), sustanciales (lo suficientemente grandes para mantener un esfuerzo especial por ellos) y perdurables, esto es, persistentes en el tiempo.

A la hora de aplicarlo a nuestro campo, para identificar segmentos de mercado atractivos (Kotler, 1995) nos interesa que sean cuanto más grandes mejor, con gran tasa de crecimiento (en todo caso, no fluctuantes) y posibilidad para pagar, con poca competencia. Las economías de escala que permite el *e-learning* incrementa el atractivo de los que pueden ser atendidos con menor coste.

¿Qué factores de la universidad hacen posible el éxito en un segmento de mercado? Kotler nos habla de:

- Poseer una cuota de mercado relativa: a mayor participación relativa en el mercado que atiende, es más grande la fortaleza.

- Competitividad en el precio.

- Calidad en los programas.

- Poseer gran conocimiento del consumidor y del mercado.

- Contar con un marketing efectivo (aunque hay que tener en cuenta que la gente reacciona distinto ante los mismos componentes de marketing, como la publicidad o el precio. Hay a quien le disgusta la publicidad de una universidad, por ejemplo....).

- Tener una mayor presencia local.

9.8 EL CONSUMIDOR PROACTIVO

Desde los orígenes de la computación educativa (Bushnell, Allen, 1967), se recomendaba que el profesor estuviera detrás de cada movimiento del alumno, estableciendo un diálogo, más allá del diálogo establecido entre el estudiante y el programa. Desgraciadamente los medios técnicos hacían esto imposible sin disparar los costes.

Esta comunicación tan necesaria, tan nuestra desde el principio de la humanidad, ya que si las personas son lo que son, si el ser humano ha llegado a donde está en la escala evolutiva, ha sido por su interés en comunicarse, y por su afán de aprender, se facilita tremendamente hoy (Celaya, 2008), cuando queramos barreras como la distancia geográfica, el coste de los desplazamientos y... la timidez.

La vida digital, como nos recuerda Negroponte (2000), trae consigo una dependencia cada vez menor con respecto a estar en un lugar específico y en un momento específico, pero además vuelve casi invisible la línea divisoria entre las aficiones y las obligaciones gracias a contar con un denominador común: ser digital. La información nos invade en distintos formatos digitales. Videos que vemos en Youtube, libros que leemos en Scribd, conversaciones animadas en foros y redes sociales, música que nos llega por Spotify o radios por internet, enciclopedias y diccionarios a golpe de clic... todo de forma indistinta para servir al ocio y al negocio. Un ambiente estupendo para que el conocimiento se introduzca de forma ordenada en nuestras mentes, con estructura, reglado. Y es que (Papows, 1999), el conocimiento es aquello en lo que se convierte la información cuando se la conecta a un *know-how* (saber cómo) relevante o al *know-why* (saber por qué).

Esa conexión es la pequeña gran tarea del *e-learning*. O, por decirlo con palabras clásicas, enseñar deleitando.

Hay que tener en cuenta que los estudiantes de la generación actual, a los que, valga la expresión, biológicamente les corresponde cursar estudios superiores, son personas nacidas en el mundo digital. Existe una gran diferencia con respecto a las generaciones anteriores en lo que se refiere a sus respuestas a las nuevas tecnologías; se trata de una generación que, por ejemplo, nació cuando los televisores incorporaban todos control remoto, por lo que éste no forma parte para ellos de las funcionalidades de ese electrodoméstico, sino del concepto mismo que se tiene de ese equipo (Guiloff y Farcas, 2007). Así, prefieren un ordenador a la televisión, ya que es un aparato que les acompañó desde la infancia, carecen de analfabetismo digital y pueden sobrevivir conectándose a la red, sin apoyo de padres y profesores, manteniendo varias ventanas de trabajo simultáneas, lo que, en su conjunto, los convierte en candidatos idóneos para una formación con las nuevas tecnologías como canal principal (Oblinger y Oblinger, 2005) (Threshold, 2004), algo que nos viene a ratificar el dato que nos dice que más de dos millones de niños en los Estados Unidos tienen su propia web, lo que nos informa de su capacidad de expresarse por medio de texto, vídeo, gráfico y audio de forma simultánea: chavales que no tienen problemas al usar nuevas formas de comunicación (el 70% de los adolescentes usan Messenger para mantener contacto con sus amigos, un dato que poco a poco va siendo alcanzado por las redes sociales y que rebasa el escaso 20% que usa para ese fin el correo electrónico convencional).

Es más: con el *e-learning* plenamente asentado, aparece el *e-learning* 2.0 (López y Alonso, 2008). *e-learning* apoyado en la web 2.0, con Teacher-Tube o apoyo en youtube, o SideShare. Second Life ofrecía un campus virtual en el que cedía espacio gratuito durante la duración de las clases a cualquier institución que estuviera interesada. El usuario se mueve y nosotros debemos movernos detrás. Hablábamos en el punto anterior de la segmentación: pues bien (Martí y Muñoz, 2008), este usuario que se mueve como pez en el agua en la web 2.0 ya no es tan fácil de encasillar, es ecléctico, y fluctúa entre los segmentos tradicionales difuminándolos. Quizá eso nos empuje a pensar que más que emplear el marketing relacional, hay que ir más allá, a segmentos personalizados: segmentos de uno. Algo a lo que nos ayuda la particularidad de que en el servicio concreto que ofrece el *e-learning*, al contrario que en la generalidad de servicios que estudia el marketing, no es preciso que se produzca en tiempo real, que el profesor esté trabajando con el alumno cuando éste precise de él. Éste era el mayor inconveniente que impedía "que el profesor estuviera detrás de cada movimiento del estudiante", y que hoy por hoy, la tecnología soluciona y auxilia.

No podemos cerrar este punto dejando en el tintero un aspecto importante: la medida de la satisfacción. Generalmente estudiada mediante tests que siguen escrupulosamente la escala *likert* como único medio de entrada, no suelen estar orientados a la satisfacción del usuario, sino más bien a la eficacia y/o eficiencia del sistema. A veces se llegan a usar también encuestas, que miden directamente, no indirectamente, factores de dudosa fiabilidad en el resultado: ya se sabe que las respuestas pueden variar su grado de veracidad dependiendo de múltiples factores como enfados con el profesor, con la institución, con una asignatura... algo que desvirtúa los resultados obtenidos pervirtiendo todo. Es una tarea pendiente elaborar mecanismos pensados para medir la satisfacción basada en el control de la navegación, más allá de descargas y accesos.

9.9 PLAN DE MARKETING

Como cierre de este capítulo, nada mejor que esbozar el contenido de un plan de marketing aplicado a nuestro caso. ¿Para qué un plan de marketing? Éste nos sirve para determinar como se van a alcanzar los objetivos estratégicos de la organización mediante estrategias y tácticas específicas de marketing, con el cliente como punto de partida (Kotler, 2008). Se divide en una serie de partes que intentaremos particularizar en la tabla siguiente (Kotler, 1995):

Sección	Propósito
1. Sumario ejecutivo	Breve descripción del plan propuesto. Resume los principales objetivos, recomendaciones y argumentos para los responsables (rectorado, autoridades políticas...) que lo han de aprobar. Se sigue de un índice de contenidos.
2. Actual situación de marketing (Análisis de situación)	Lo relevante de la presencia en los mercados, públicos, competencia, distribución y entorno. Se trata de un análisis del mercado en general, donde identificamos los segmentos que definirán como objetivos y proporcionan información sobre la situación actual de la institución. Si procede, se revisan los beneficios que proporcionarán las características de los programas para satisfacer las necesidades en cada segmento objetivo. Se resumen las principales características de todos los programas. La información se organiza por líneas, tipos de usuarios, mercados o por orden de salida de los programas. Se revisa la competencia, las otras universidades, describiendo su posición en el mercado y analizando brevemente su estrategia. Por último, se revisa la distribución: los canales más importantes, proporcionando una revisión general de la organización de cada canal y destacando cada acontecimiento o tendencia (internet-plataforma, correos electrónicos, web de la universidad-, tv...).

3. Estudio de problemas y oportunidades (DAFO)	Identificar las principales oportunidades, amenazas, debilidades y fortalezas.
4. Objetivos	Define la meta del plan que se busca alcanzar en las áreas de donaciones, matrículas, mejora de calidad...
5. Estrategia de marketing (mercados objetivos, marketing mix, nivel de gasto en marketing)	Enfoque de marketing para lograr los objetivos del plan. Aquí se incluye el posicionamiento, la fijación de precios, estrategias de comunicación, investigación comercial y lo que se da en llamar organización de marketing: cómo se organiza el departamento de marketing, esto es, por funciones, geográficamente, por productos, por clientes o por alguna combinación
6. Programas de acción	Responder a: qué hacer, quién lo hace, cuándo se hace, cuánto costará. En particular ese "cuándo lo hace" (Papows, 1999), facilita el mantenimiento y el control de la planificación.
7. Presupuesto	Dos propósitos: estimar la rentabilidad y ayudar a prever gastos y plazos de cada programa.
8. Controles	Cómo se monitoriza la implantación y efectividad del plan. Ayudan a evaluar los resultados tras la ejecución del plan, detectar problemas y desviaciones y emprender actividades correctivas.

Vemos en la Figura 9.5 una representación gráfica.

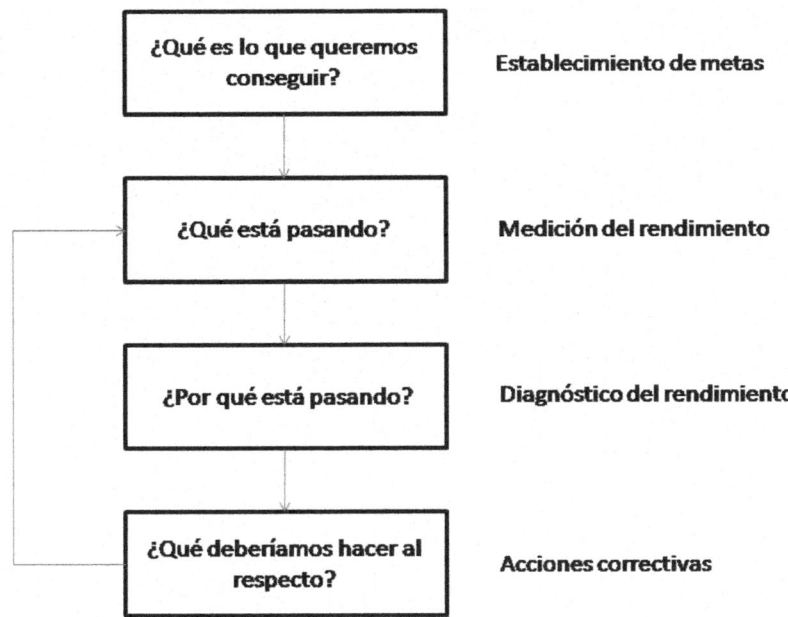

Figura 9.5. Formato de un plan de marketing. Adaptado de (Kotler, 1995)

PARTE V: DIMENSIÓN ECONÓMICA

Capítulo 10

GESTIÓN ECONÓMICA DE PROYECTOS DE *E-LEARNING*

Una de las partes más importantes de la gestión del proyecto es la evaluación económica del mismo. Se trata, en la medida de lo posible, de prever la evolución económica del proyecto y determinar si es rentable o no gracias a técnicas de análisis económico-financiero, de las que aquí solamente veremos los conceptos básicos.

Lógicamente, en todas las fases del proyecto no se dispone de la misma información, ni en calidad ni en cantidad, por lo que las técnicas empleadas son distintas en cada fase.

10.1 ESTRUCTURA DE COSTES

Al evaluar la rentabilidad de una acción formativa resulta conveniente hacer una estimación de los costes de llevarla a cabo a través de distintas estrategias: presencial, *e-learning* y *b–learning* (esta última es particularmente interesante en el caso de cursos de más de 100 horas duración). Además, hay que tener en cuenta también los costes de no ejecutarla ya que, en algunos casos, pueden ser bastantes elevados.

A la hora de calcular los costes de un programa de formación consideraremos los siguientes conceptos:

–   Costes referidos al participante:

Son los costes en los que se incurre por el mero hecho de que el empleado dedique tiempo a formar en lugar de dedicarse a las tareas que le son propias en la empresa.

En el caso de la formación presencial, deben incluirse las dietas, los viajes, etc., ya que los estudiantes deben desplazarse al centro educativo. La opción virtual permite minimizar estos costes.

–   Costes referidos al formador:

Se incluyen en este apartado los salarios de los instructores (ya sean internos o externos a la compañía). Si, además, los profesores deben desplazarse al lugar en que se imparte la formación (como ocurre en la formación *in company*), habrá que incluir el importe de sus viajes y dietas.

De nuevo, a través del *e-learning* podemos reducir al mínimo estos conceptos. Sin embargo, hay ocasiones en los que el *e-learning* puro no es recomendable por el peligro de sufrir tasas de abandono elevadas, porque el curso es demasiado largo, etc.

Dentro del sector de la formación presencial, existe la convención dentro del sector de que el salario de los profesores cubre tanto la impartición del curso como la preparación de los contenidos, por lo que no suelen tenerse en cuenta en un apartado específico. Sin embargo, si el profesor también es un empleado (formación interna en la compañía), los materiales los preparará dentro de su horario laboral, dejando de dedicarse a otras tareas que le sean propias, y habrá que tener en cuenta su coste. También en el caso del *e-learning* la situación es distinta.

–   Costes propios de la solución formativa son:
   •   Costes de los elementos físicos para realizar la formación.

En el caso de la formación presencial, abarcan los desembolsos derivados de aulas y su mantenimiento, personal de administración de las mismas, luz, agua, mobiliario, etc. En cuanto al *e-learning*, se incluyen en este apartado los costes de la plataforma necesaria. Para que el *e-learning* sea rentable, es deseable que su implantación no exija la mejora de la infraestructura tecnológica necesaria.

Además del equipamiento informático y de comunicaciones, hay que incluir aquí el coste de la plataforma de teleformación. Aunque el éxito del *software* libre ha reducido los costes de adquisición de las plataformas, tradicionalmente elevados debido al alto precio de las licencias, hay que tener en cuenta el coste derivado de su instalación, personalización y mantenimiento. También que hay productos que son "ciegos" para el usuario, es decir, que éste se conecta a una URL e ignora la infraestructura que la sustenta. En estos casos, el proveedor de servicios es el que asume los costes y deberá incluirlos en el precio del producto.

Si estos costes alcanzan valores que hagan peligrar la viabilidad del proyecto, habrá que plantearse la posibilidad de alquilar la plataforma de *e-learning* a un LSP (Learning Services Provider). Sin embargo, no hay que olvidar que si se van a impartir muchos cursos, estos costes se reducen por efecto de las economías de escala.

Una posibilidad para reducir los costes de infraestructura es que los estudiantes y los profesores utilicen sus propios equipos para acceder a la formación. Esto es bastante habitual en el *m–learning* y en campus inalámbricos, donde los usuarios suelen conectarse utilizando su ordenador portátil y/o su PDA. Sin embargo, aunque esto libera a la organización de este coste, puede constituir un inconveniente para profesores y estudiantes que sí lo tendrán en cuenta a la hora de evaluar su participación en la acción formativa.

–   Costes de generación de los contenidos.

En el caso de la formación presencial, se incluyen en este apartado los costes de los libros, fotocopias, encuadernaciones, administración y seguimiento de los participantes, el conocimiento del profesor, etc.

El coste de generación de los contenidos *on-line* es mucho mayor que en los programas formativos presenciales. Este coste es fijo en tanto que no depende del número de estudiantes matriculados en el curso, aunque también es variable puesto que puede reutilizarse en varias ediciones, aprovechándose así las economías de escala (Bates, 2001). Sin embargo, no hay que perder de vista que los materiales hay que actualizarlos y que, por tanto, un curso *on-line* de calidad no puede repetirse un número muy elevado de veces sin ninguna modificación. Por tanto, la vida útil del curso va a ejercer una gran influencia en el cálculo de los costes de generación de contenidos.

El coste fijo de generación de contenidos para *e-learning* depende de la naturaleza del contenido. Los costes fijos mayores no se deben tanto a las herramientas necesarias para generar los contenidos como al trabajo invertido en la generación de los mismos.

En cuanto a la parte variable de la generación de los contenidos, depende también de la tecnología empleada.

Además de los contenidos, también que hay tener en cuenta el coste de las tutorías. Un primer problema es, por tanto, determinar el número de estudiantes que puede manejar un alumno. Éste punto, junto con el de establecer si el número es mayor o menor que en la formación presencial, son ambos muy controvertidos, ya que se encuentran opiniones y estudios de todo tipo. Algunos autores argumentan que el número de estudiantes es menor que en la formación presencial puesto que en el *e-learning* los alumnos invierten más tiempo enfrentándose solos a los materiales. No obstante, otros autores afirman que el número es mayor porque, como consecuencia de la independencia del estudiante, surgirán mayor cantidad de dudas y el profesor empleará más tiempo en resolverlas. Por otra parte, se estima que el número de estudiantes que pueden atenderse con calidad está comprendido entre 25 y 50, según el tipo de curso (Kaplún, 2005), aunque hay otros autores que establecen el límite en 10 e incluso en 100 (Bates, 2001; Rumble, 2001).

También debemos incluir aquí los costes de marketing y publicidad, para el caso de que el curso *on-line* se vaya a vender a terceros. Habrá que sumarlo al coste de generación de contenidos con el fin de repercutirlo en el cliente.

– Costes de oportunidad.

Los desplazamientos de los empleados para recibir formación presencial, hace que se generen unos costes ocultos debido a que no están disponibles en determinados momentos. Esto, con el *e-learning*, no ocurre ya que, aunque la Dirección de la empresa debe comprometerse a respetar el tiempo del trabajador dedicado al curso *on-line*, en caso de emergencia éste podría responder y resolver algunos problemas.

La tabla de la Figura 10.1 recoge una comparativa de las distintas estrategias de formación en base a los conceptos anteriores.

Coste	No hacer nada	Presencial	*e-learning*	*b–learning*
Realización de la formación	Se evita el coste de los formadores (salarios y dietas).	Salario de los profesores y sus desplazamientos y dietas.	Sólo el salario de los profesores.	Salario de los profesores y sus desplazamientos y dietas.
Preparación de las clases y del material	Se evita, puesto que no hay formación.	Se mantiene.	En general, los materiales *on-line* de calidad son caros.	Depende de cómo se plantee el curso.
Elementos físicos para realizar la formación	Se evita, puesto que no hay formación.	Coste del centro de formación.	Aunque el coste de la plataforma (*open source*), hay costes de personalización, adaptación e integración en la *intranet* corporativa. Se evita el coste de las aulas.	Igual que en el *e-learning* para la plataforma tecnológica, pero el coste de las aulas se mantiene.
Desplazamientos y dietas	Se evita, puesto que no hay formación.	Se mantiene.	Se elimina.	Se reduce respecto a la formación presencial.
Oportunidad	Pérdida de oportunidad en una mejora productiva derivada de la mejor formación de los empleados.	Se evita el coste de no hacer nada. El trabajador se ausenta de su lugar de trabajo y no está disponible durante el tiempo que dure la acción formativa.	Se evita el coste de no hacer nada. El trabajador está disponible para resolver problemas, aunque debe respetarse su tiempo de formación en la medida de lo posible.	Se evita el coste de no hacer nada. Se reduce la indisponibilidad del trabajador por estar inmerso en un programa formativo. Hay formación obligatoria, como es el caso de la prevención en riesgos laborales.

Figura 10.1. Costes de las distintas estrategias de formación

Una vez que ya conocemos los costes, el siguiente paso es intentar minimizarlos. La primera solución que se plantea es el *outsourcing*, al que se dedica un apartado específico.

10.2 BENEFICIOS DEL *E-LEARNING* PARA LA ORGANIZACIÓN

Los beneficios que se derivan de la puesta en marcha de un proyecto de *e-learning* van a depender de cada organización concreta ya que el propio concepto de "beneficio" depende, en parte, de la misión, visión y valores de dicha organización, ya que reside en el valor que se le aporta.

En general, los beneficios pueden calcularse en base a dos tipos de variables: las objetivas, fácilmente cuantificables o traducibles en información contrastada y que proporciona una visión aséptica del beneficio en cuestión (por ejemplo: aumento de la productividad en una línea de negocio cuyos comerciales han participado en un curso *on-line* de marketing estratégico); y las subjetivas, basadas en la valoración de los resultados del proyecto por parte de la Dirección y que tienen un marcado carácter estratégico.

Uno de los mayores beneficios del *e-learning* es la eficiencia. Según Moran (2002) la eficiencia en formación (η_f) puede definirse como la relación entre los conocimientos (C), las habilidades adquiridas (H) y la información ofrecida para ello (I):

$$\eta_f = \frac{C + H}{I}$$

Es decir, que cuanta menos información se proporcione para conseguir los objetivos de la acción formativa, tanto más eficiente estará siendo dicha acción. Precisamente, uno de los problemas de la formación presencial es la ingente cantidad de información con que se bombardea a los estudiantes, por lo que el *e-learning*, en la mayoría de los casos resulta mucho más eficiente. Sin embargo, esta eficiencia exige un esfuerzo (y un coste) en realizar una planificación concienzuda de la acción formativa y un diseño instruccional (contenidos, actividades, secuencia de aprendizaje, herramientas de comunicación, etc.) concienzudos y, una vez más, alineados con la estrategia de negocio de la organización.

Otro beneficio del *e-learning* es la flexibilidad en la gestión del tiempo (Moran, 2002), tanto desde el punto de vista de ejecución de una acción formativa como desde la perspectiva del aprendizaje. Una vez que ya se dispone de la plataforma tecnológica, la logística necesaria para impartir un curso *on-line* es mínima (aunque no desdeñable), si la comparamos con una acción formativa presencial. Por otro lado, el hecho de que en el *e-learning* los estudiantes sean los que se fijan su propio ritmo favorece las tasas de retención de conocimientos y disminuye los tiempos de aprendizaje.

Tampoco hay que perder de vista que en el *e-learning* el participante es capaz de decidir que contenidos le interesan eliminando tiempos muertos de recepción de contenido que ya conoce (acceso indexado a los contenidos). En formación presencial esto es imposible ya que la entrega de contenido se hace de forma secuencial. Se estiman ahorros en torno al 30% del total para este caso.

Sin embargo, sería deseable disponer de mecanismos que permitan traducir estos beneficios en algo cuantificable, tangible y manejable desde el punto de vista económico. El problema de nuevo es que la cuantificación de los beneficios depende del valor que se les otorgue en cada organización. En general, la formación tiene como consecuencia un aumento de la producción a largo plazo, pero este aumento no es ni inmediato ni previsible.

10.3 ANÁLISIS DE RENTABILIDAD

El objetivo de cualquier empresa, independientemente de su tamaño, sector de actividad, etc., es ser competitiva y esto se traduce, en la mayoría de los casos, en la obtención de beneficios y la no inversión en acciones que no sean verdaderamente rentables de uno u otro modo. Por ello, el análisis de la rentabilidad del plan de formación es un paso que no debe obviarse. Además, de este modo se sitúa al mismo nivel que el resto de inversiones, integrándola así en las políticas de desarrollo de competitividad de la empresa (Duart, 2002).

Como ocurre en cualquier tipo de proyecto, la Dirección General de la empresa exigirá datos que justifiquen que la solución de *e-learning* implantada aporta valor a la organización.

Los factores de riesgo básicos son, fundamentalmente, tres: la alineación con la estrategia de negocio de la empresa, los costes en que se incurre para poner en marcha el proyecto y los beneficios derivados de la ejecución del mismo. Ello, debe ir acompañado de una evaluación continua de la calidad de todos y cada uno de los procesos implicados.

En los siguientes apartados tratarán algunas técnicas que permiten evaluar la rentabilidad, distinguiendo entre métodos estáticos y métodos dinámicos, según tengan en cuenta el valor del dinero en el tiempo o no, respectivamente. Efectivamente, el capital tiene un valor diferente según el momento en que se refiere. De hecho, el valor de un capital actual (Q_0) en un futuro (Q_N), suponiendo un tipo de interés i, será de:

$$Q_N = Q_0 \cdot (1 + i)^n$$

De aquí se deduce que es mejor desembolsar una cantidad en el momento actual, que la misma cantidad en un momento futuro.

10.3.1 Retorno de la inversión

El ROI (*Return of Investment*) permite determinar si la inversión realizada será recuperada en un plazo de tiempo razonable, es decir, comprobar si el proyecto de *e-learning* ha resultado (o va a resultar, dependiendo de en qué fase se lleve a cabo en análisis de rentabilidad) productivo para la organización. En general, un ROI superior al año no es aceptable en este tipo de proyectos.

El método más sencillo de calcular el ROI es dividir la inversión total (I_t) entre beneficio medio anual (B):

$$ROI = \frac{I_t}{B}$$

Como puede verse, en la fórmula anterior participan dos conceptos básicos: la inversión (que aquí se asociará a los costes) y los beneficios. El primer paso será, por tanto, calcular estos dos parámetros.

Sin embargo, conviene hacer notar que en algunos casos esta visión, muy centrada en aspectos meramente económicos y en aumentos de productividad, no resulta aplicable o, al menos, debe complementarse con la evaluación de otros factores. En efecto, en los casos en los que el éxito o fracaso de la acción formativa dependa de si los estudiantes superan o no unas pruebas, como ocurre en el caso de la formación de pilotos con simuladores de vuelo, el curso será "rentable" si los pilotos han asimilado satisfactoriamente los conocimientos que les permiten volar y no lo será en caso contrario. En otros casos, como en las Administraciones Públicas, en la rentabilidad del proyecto influyen aspectos como el bien social que se deriva de la ejecución del mismo.

El análisis del ROI debe ser objetivo y coherente, es decir, que debe regirse por las mismas reglas empleadas para la evaluación de otras modalidades de formación ya que, si no se hace así, los resultados no serán comparables. Por ejemplo, si en formación presencial se toma como parámetro la asistencia a clase, no debemos considerar equivalente el número de estudiantes que han pasado un test en una acción formativa *on-line*. Sin embargo, sí podremos hacerlo si a los estudiantes presenciales se les hace una prueba al acabar el curso.

Otro aspecto a tener en cuenta es que los criterios que se toman para evaluar la rentabilidad de una acción formativa dependen del nivel de gestión dentro de la organización al que se lleve a cabo dicha evaluación (Cross, 2001). La tabla de la Figura 10.2, que reproducimos modificada de Duart (2002), recoge, para los diferentes niveles de gestión de una empresa, cómo plantear los objetivos de una acción formativa y qué valores suelen tomarse para evaluar la rentabilidad:

Nivel de gestión	Objetivo de la acción formativa	Valores de medida	Ámbito
Gestores de proyectos de formación	Capacitar en habilidades deficitarias en la empresa	Mejoras individuales en el desempeño laboral	Unidades de negocio
Gerentes de unidades de negocio	Mejorar los objetivos de la unidad de negocio	Objetivos de proyecto, métricas de negocio	Formación específica a empleados
Directores corporativos	Elegir la mejor alternativa	Métricas financieras Análisis de caso de negocio	La organización
Alta dirección ejecutiva o dirección general	Ganar en ventaja competitiva, en transformación de la empresa	Análisis de caso de negocio Valor añadido para los accionistas	Infraestructura de formación global de la organización

Figura 10.2. Niveles de gestión de una empresa y criterios de decisión

Sin embargo, las inversiones suelen distribuirse en varios años y no realizarse al principio del proyecto en su totalidad. En estas ocasiones, se emplea otra expresión alternativa en función de los flujos de caja (F_t) y que es la siguiente:

$$\sum_{t=0}^{t=ROI} \frac{F_t}{(1+i)^t} \geq \sum_{t=0}^{t=ROI} \frac{I_t}{(1+i)^t}$$

Al aplicar esta expresión hay que tener en cuenta que el flujo de caja se calcula como la suma del beneficio y la amortización y que representa las entradas y salidas de dinero de la organización dentro del ámbito del proyecto. También se llama *cash–flow*.

10.3.2 VAN

El VAN (Valor Actual Neto) es la diferencia entre el valor actual de los flujos de caja netos que produce la inversión y la inversión inicial requerida para llevarla a cabo. El método de cálculo se basa en el hecho de que todo capital invertido durante un cierto tiempo produce un interés determinado que hay que tener en cuenta a la hora de evaluar la rentabilidad de un proyecto de inversión. Matemáticamente, el VAN de un proyecto es función de los flujos de caja anuales (F_t) y rendimiento mínimo aceptable para los proyectos de inversión dentro de la organización (i) según la fórmula:

$$VAN = \sum_{t=0}^{n} \frac{F_t - I_t}{(1 + i)^n} = VAN_{FLUJOS\ DE\ CAJA} - VAN_{INVERSIONES}$$

Si el VAN resulta negativo, el proyecto no será aceptable mientras que si resulta positivo, sí que lo será. Ante dos proyectos de VAN positivo, escogeremos el de mayor valor.

Con este criterio, únicamente se aceptan proyectos que aporten valor a la empresa, lo que es coherente con la misión, visión y valores de cualquier organización. Sin embargo, este método presenta el inconveniente de que el valor de la tasa de interés seleccionado influye notablemente en el valor del VAN. Algunos autores aconsejan utilizar el mínimo aceptable. También hay que tener en cuenta que la tasa de descuento puede variar con el tiempo.

10.3.3 TIR

El TIR (Tasa Interna de Rentabilidad) es aquél tipo de interés que anula el VAN (VAN=0) de una inversión. A la hora de seleccionar varios proyectos, sólo deben escogerse aquéllos cuyo TIR sea mayor que el interés del mercado de capitales (Gómez–Senent, 1999). En el caso de que hubiera varios, se elegirá el de mayor TIR. Como regla general, una inversión cuyo TIR sea mayor que el coste de capital, se puede considerar rentable.

ÍNDICE ALFABÉTICO

BIBLIOGRAFÍA

[1] ADEIT - Fundación Universidad-Empresa. MECA-ODL, Guía metodológica para el análisis de la calidad de la formación a distancia en Internet. Valencia 2002.

[2] American Marketing Association: MarketingPower.com, sección Dictionary of Marketing Terms, URL del sitio: http://www.marketingpower.com/ (3/3/10)

[3] ASQ-American Society for Quality. Plan–Do–Check–Act cycle. http://www.asq.org/learn-about-quality/project-planning-tools/overview/pdsa-cycle.html. (verificado 15 Enero 2008).

[4] *Attwell, G., Hughes, J.,* y Otros. (2006). *Evaluating E-learning. A guide to the evaluation of e-learning.* Evaluate Europe Handbook Series, Volume 2.

[5] Becta. (2006). Quality principles for digital learning resources. http://partners.becta.org.uk/upload-dir/downloads/page_documents/quality_ principles.pdf. (Verificado 15 Enero 2008).

[6] *Boneu,* J. M. (2007). "Plataformas abiertas de *e-learning* para el soporte de contenidos educativos abiertos". *Revista de Universidad y Sociedad de Conocimiento.* Vol. 4, n.º 1.

[7] *Boticario,* J.G. y *Gaudioso,* E. (2003). *Sistemas Interactivos de Enseñanza/ Aprendizaje.* Editorial Sanz y Torres.

[8] *Bushnell & Allen - The computer in American Education.* Willey & sons, New York 1967. Pág. 18.

[9]   *Celaya*, Javier - *La empresa en la web 2.0*, Gestión 2000. Barcelona 2008.

[10] CEN, Comité Europeo de Normalización. (2003). CWA 14644 - Quality assurance standards. ftp://cenftp1.cenorm.be/PUBLIC/CWAs/e-Europe/WS-LT/cwa14644-00-2003-Jan.pdf. (verificado 11 Diciembre 2007).

[11] CEN, Comité Europeo de Normalización. (2005). CWA2 - Learning experience transparency. http://cms.eun.org/shared/data/pdf/cwa220051118.pdf. (verificado 11 Diciembre 2007).

[12] CEN, Comité Europeo de Normalización. (2006). CWA 15533 - A model for the classification of quality approaches in eLearning. ftp://ftp.cenorm.be/PUBLIC/CWAs/e-Europe/WS-LT/cwa15533-00-2006-Apr.pdf. (verificado 11 Diciembre 2007).

[13] CEN, Comité Europeo de Normalización. (2007). CWA 15660 - Providing good practice for *E-learning* quality approaches. ftp://ftp.cenorm.be/ PUBLIC/CWAs/e-Europe/WS-LT/CWA15660-00-2007-Feb.pdf. (Verificado 11 Diciembre 2007).

[14] De *Andrés* Ferrando, José María - *Marketing de empresas de servicios*. Ed. UPV. Valencia 2007.

[15] De La *Orden*, A. (1985) "Modelos de evaluación universitaria". *Revista Española de Pedagogía P*. 169-170.

[16] *Drucker*, Peter - *La innovación y el empresariado innovador*. Apóstrofe, Barcelona 1997.

[17] EADTU, European Association of Distance Teaching Universities. E-xcellence. http://www.eadtu.nl/e-xcellenceqs/. (verificado 11 Diciembre 2007).

[18] *Ehlers*, U. (2005). What do you need for quality in *e-learning*? E-learning Europa info. http://www.elearningeuropa.info/directory/index.php?page= doc& doc_id=6068&doclng=6. (verificado 10 Diciembre 2007).

[19] *Ehlers*, U., *Goertz*, L., *Hildebrandt*, B., y *Pawlowski*, J. M. (2005). Quality in *E-learning*. CEDEFOP. http://www2.trainingvillage.gr/etv/publication/ download/panorama/5162_en.pdf. (verificado 11 Diciembre 2007).

[20] *Ejarque* E., *Buendía*, F. *Hervás* A. (2007). Using a Quality Framework to Evaluate *e-learning* Based Experiences. Proceedings of ECEL 2007. The 6th European Conference on *e-learning*.

[21] European Foundation for Quality Management. EFQM. (2003). Excellence model. http://www.efqm.org/uploads/introducing_spanish.pdf. (verificado 21 Diciembre 2007).

[22] *Fons*, M. (1980). La evaluación del aprendizaje. Áreas de Intervención en Psicología.

[23] *Fosca*, C., y *Polomino*. (2007). La gestión de la calidad de los programas de educación permanente. Pontificia Universidad Católica del Perú. http://www.pucp.edu.pe/dape/boletines/documentos/gestion_calidad_de_form acion_continua_DAPE.pdf. (verificado 14 Enero 2008).

[24] Fundación Vasca de Calidad. La calidad y su evolución. http://www.euskalit.net/nueva/pdf/calidadtotalyevolucion.pdf. (verificado 14 Enero 2008).

[25] Fundibeq. Fundación Iberoamericana para la Gestión de la Calidad. Modelo iberoamericano de calidad. http://www.fundibeq.org/DePortada/AFAQ.html. (verificado 15 Enero 2008).

[26] *Grande*, Ildefonso - *Marketing de los servicios*. ESIC, Madrid 1996.

[27] *Guilodd*, Andrés; *Farcas*, Daniel – *Generación.net. Choque cultural en la sala de clases*. CEU, Providencia, Chile 2007.

[28] *Hughes*, J., & *Attwell*, G. (2003). A framework for the Evaluation of E-*learning*, 2003, European Seminar Series on Exploring Models and Partnerships for eLearning in SMEs, Brussels.

[29] IEEE. IEEE LOM: IEEE 1484.12.1-2002. Standard for learning object metadata. http://ltsc.ieee.org/wg12/. (verificado 15 Enero 2008).

[30] Institute for Higher Education Policy. (2000). Quality on the line. Benchmarks for success in Internet-based distance education.

[31] ISO. ISO 9000. http://www.iso.org/iso/iso_catalogue/management_ standards/iso_9000_iso_14000.htm. (verificado 15 Enero 2008).

[32] ISO. ISO 9241. Ergonomic requirements for office work with visual display terminals (VDTs). http://www.iso.org/iso/iso_catalogue/catalogue_tc/catalogue_detail.htm?csnumber=16883 (verificado 15 Enero 2008).

[33] ISO/IEC JTC1 SC36. ISO/IEC 19796-1. Quality management, assurance and metrics. http://old.jtc1sc36.org/doc/36N0771.pdf. (verificado 15 Enero 2008).

[34] JISC, Joint Information Systems Committee. (2005). Evaluation strategy for *E-learning* programme.

[35] *Kirkpatrick*, D.L (2001). Evaluating training programs: Inside the four levels. Proceedings of the 17th annual Training Director's Forum (pp. 545-572), Las Vegas, NV.

[36] *Kotler*, Philip - *Principios de marketing*. Pearson Prentice Hall Madrid 2008.

[37] *Kotler*, Philip; *Bloom*, Paul; *Hayes*, Thomas - *El marketing de los servicios profesionales*. Paidós, Barcelona 2004.

[38] *Kotler*, Philip; *Fox*, Karen A. - *Strategic Marketing for educational institutions*. Prentice Hall, New Jersey 1995.

[39] *López*, Carlos; *Alonso*, Manuel - *De Second Life al marketing en metaversos*. Pearson, Madrid 2008.

[40] *Mandinach*, E.B. (2005). *The development of effective evaluation methods for e-learning: A concept paper and action plan*. Teacher College Record, vol. 107, no. 8, 1814-1835.

[41] *Martí*, José; *Muñoz*, Pablo - *Engagement marketing*. Prentice Hall, Madrid 2008.

[42] *Negroponte*, Nicolas - *El mundo Digital* - B, Barcelona 2000.

[43] *Oblinger*, Diana; *Oblinger*, James (editores) – *Educating the net generation*. Educause. North Carlona State, EE.UU. (2005).

[44] *Oliver*, M., & *Conole*, G. (1998). *Toolkits as an Approach to Evlauating and Using Learning Materials*.

[45] *Omwenga*, E., & *Rodrigues*, A. (2006). Towards an education evaluation framework: Synchronous an asynchronous *E-learning* cases.

[46] *Padilla*, Antonio; del *Águila*, Ana Rosa - *Las formas organizativas en la economía digital*. RA-Ma, Madrid 2001.

[47] *Papows*, Jeff - *Enterprise.com*. Granica, Barcelona 1999.

[48] *Patiño*, Miguel Ángel - *Burbuja.es* - La esfera de los libros, Madrid 2003.

[49] *Pazalos*, K., & *Loukis*, E. (2006). *An extended methodology for E-learning evaluation based on the accomplishment of educational objectives*.

[50] *Prendes* Espinosa, M.P. (Dir.) (2009): *Plataformas de campus virtuales de software libre: Análisis comparativo de la situación actual en las universidades españolas?* Informe del Proyecto EA-2008-0257 de la Secretaría de Estado de Universidades e Investigación. Disponible en http://www.um.es/ campusvirtuales/informe.html.

[51] Programa Sócrates de la Comisión Europea. BENVIC. http://www.benvic. odl.org/indexpr.html. (verificado 15 Enero 2008).

[52] RECLA. Red de educación continua de latinoamérica y europa. http://www.cfp.upv.es/webs/recla/quienes/quienes4.jsp. (verificado 15 Enero 2008).

[53] *Rodriguez Ardura*, Inma - *Marketing.com*. Pirámide, Madrid 2000.

[54] *Roldán*, David; *Monsoriu*, Mar; *Huidobro*, José Manuel -*Marketing aplicado a la formación a distancia*. Copyright Sevilla 2009.

[55] *Rubio*, M. J. (2003). "Enfoques y modelos de evaluación del *E-learning*". *Revista Electrónica de Investigación y Evaluación Educativa*, RELIEVE v. 9, n.º 2.

[56] *Sanagustín*, Eva *et al* - *Claves del nuevo marketing*. Gestión 2000, Barcelona 2009.

[57] *Santos O C., Boticario J G., Rodríguez-Ascaso A., Gutiérrez y Restrepo E., Barrera* C. (2007) *Cursos accesibles y reusables sobre la plataforma ALPE*. Proceedings of the FLOSS (Free/Libre/Open Source Systems) International Conference 2007, pp. 170-185.

[58] *Santos*, O.C. (2009) Ampliando el apoyo ofrecido por las plataformas de *e-learning* mediante un servicio de recomendaciones. Actas de la 1ª Conferencia sobre Ambientes Virtuales de Aprendizaje. Motería, Colombia.

[59] *Stufflebeam*, D. (1971). Educational evaluation and decision making (CIPP).

[60] Threshold / International Society for Technology in Education – Future chat. Cable in the Classroom, CIC, Washington DC, EE.UU. (2004).

[61] *Van Rosmalen*, P., *Boticario*, J.G. and *Santos*, O.C. (2004). "The Full Life Cycle of Adaptation in aLFanet eLearning Environment". *Learning Technology newsletter*, vol. 4, p. 59-61.

[62] *Wirth*, M. A. (2005). Quality management in *E-learning*: Different paths, similar pursuits. 2nd International SCIL Congress. http://elearning-reviews.com/congress-2005/programme-10-11/docs/workshop-1-wirth-text.pdf. (verificado 15 Enero 2008).

[63] *Yonaitis*, Robert B. "Comprendiendo la accesibilidad. Una guía para lograr la conformidad en los sitios web e intranets". Ed. Edita Hisoftware. 2002.

[64] *Zapata*, M. (2006). "Distintas formas de intervenir en la distancia y en el *e-learning*. Modelos de calidad". *Revista de Educación a Distancia*, RED.

SÍGUENOS EN INSTAGRAM Y ACCEDE GRATIS A NUESTRA BIBLIOTECA DIGITAL DURANTE 30 DÍAS.

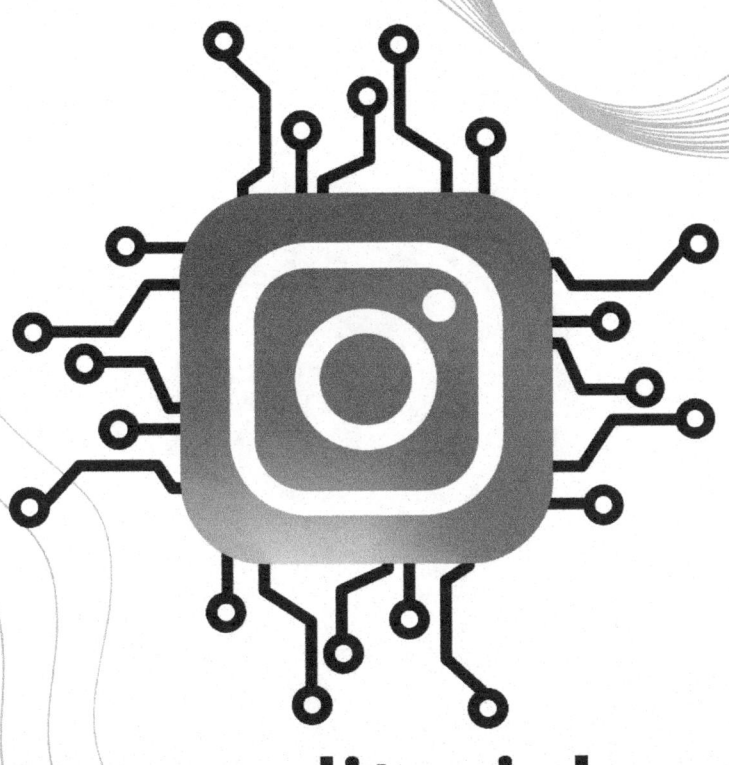

@grupoeditorialrama

¡ENVIANOS TU MAIL POR PRIVADO!

 Grupo Editorial
ra-ma 40 ANIVERSARIO